WEINE
WINZER
WÜRTTEMBERG

Hansjörg Jung

WEINE
WINZER
WÜRTTEMBERG

Zwischen Heilbronner Land und Bodensee

Hansjörg Jung

Sofern im Folgenden nicht aufgeführt, stammen alle Fotos vom Autor Hansjörg Jung: Weingut Fürst Hohenlohe/Rebel 20; Touristikgemeinschaft Hohenlohe e. V., Künzelsau 24; Staatliche Lehr- und Versuchsanstalt für Wein- und Obstbau Weinsberg 34; Weingut Kistenmacher-Hengerer 42; Weingut Drautz-Able 46, 48; Weingut Albrecht-Kiessling 50; Genossenschaftskellerei Heilbronn 52, 54; Heilbronn Marketing GmbH 56; Schell Schokoladen 58; HirschWeine 60; Lauffener Weingärtner 80, 82; Stuttgart-Marketing GmbH/Roland Halbe 124; Weinkellerei Kern 134; Remsgalerie Deuschle 140; WahlerReben 142, 144; Sektkellerei Kessler/Dulay 154, 156; Küferei Streib 170, 172; Falk von Traubenberg 178, 180

Besuchen Sie uns im Internet:
www.gmeiner-verlag.de

© 2019 – Gmeiner-Verlag GmbH
Im Ehnried 5, 88605 Meßkirch
Telefon 07575/2095-0
info@gmeiner-verlag.de
Alle Rechte vorbehalten
1. Auflage 2019

Lektorat/Bildredaktion: Susanne Tachlinski
Satz: Julia Franze
Bildbearbeitung/Umschlaggestaltung: Benjamin Arnold
unter Verwendung der Bilder von: Thermometer, Kalenderblatt: © OpenClipart-Vectors / pixabay.com;
Flasche: © Clker-Free-Vector-Images / pixabay.com
Kartendesign: © Maps4News.com/©HERE
Druck: AZ Druck und Datentechnik GmbH, Kempten
Printed in Germany
ISBN 978-3-8392-2391-8

1	*Die Wiedergeburt des roten Schwarzen* Die Genossenschaft der Markelsheimer Weingärtner im Taubertal ...	11
2	*Wie einst Diogenes in der Tonne* Übernachten im Weinfass bei Markelsheim	15
3	*Auf dem Weg zum großen Fass* Kochertaler Genießertour rund um Ingelfingen	19
4	*Der alte Berg des Fürsten* Weingut Fürst Hohenlohe am Verrenberger Verrenberg	21
5	*Ein Schluck aus der warmen Heimat* Wein am Limes – das Weingut Ungerer in Pfedelbach-Renzen	23
6	*Das große Prickeln für den Sekt* Wein- und Sektkellerei Horst Stengel in Gellmersbach	27
7	*Es lächelt der See, er ladet zum Bade* Der Breitenauer See im Weinsberger Tal	29
8	*Rosen und die treuen Weiber* Der Weinsberger Wein- und Rosenrundweg	31
9	*Hier ist Wein eine Staatsaffäre* Die Weinbauschule und das Staatsweingut in Weinsberg	33
10	*Genuss in großbürgerlichem Rahmen* Die Heilbronner Wein Villa	37
11	*»Die Privatherbste fallen sehr splendid aus«* Das Weinpanorama im Heilbronner Wartberg	39
12	*Der Stille und die Diva* Junges Schwaben-Mitbegründer Hans Hengerer	43
13	*Kleine Parzellen für große Weine* Der Heilbronner Markus Drautz und der VDP Württemberg	47
14	*Eine Fusion der Liebe* Das Weingut Albrecht-Kiessling in Heilbronn	51
15	*Der Wein und sein Schatzkeller* Die Genossenschaftskellerei Heilbronn	53
16	*Hier geht man und hier steht man* Das Heilbronner Weindorf	57
17	*Erst einmal riechen* Schokolade und Wein – Schell Schokoladen in Gundelsheim	59
18	*Hier liegen Geweihe im Keller* Kein Geheimtipp mehr – Privatkellerei Hirsch in Leingarten	61
19	*Dreieinhalb Flaschen für eine Rede* Brackenheim – Heuss-Stadt und größte Rotweingemeinde	63
20	*Die Evas mit der Traube* Frucht statt Gerbstoffe – Sabrina Roth und ihre Trollinger-Evas	65

21	*Wo Bonifatius mit dem Teufel rang* Weingärtner Cleebronn-Güglingen – Riesling vom Michaelsberg	69
22	*Auf der grünen Wand* Hohenhaslach und der Kirchberg	73
23	*Die Ochsenbacher Hefenjäger* Weingut Merkle in Sachsenheim	75
24	*Den Wein mit elf Fingern lecken* Wein im Kloster Maulbronn	77
25	*Der Pioniergeist bleibt* Weingut Dautel in Bönnigheim – zwei Generationen, ein Ziel	79
26	*Von Glaube und Traube* Die Lauffener Weingärtner, Katzenbeißer und Schwarzriesling	81
27	*Die Konsorten vom Käsberg* Das Consortium Montis Casei in Hessigheim	85
28	*Klettern in den Weinbergen* Die Hessigheimer Felsengärten	89
29	*Die Knappen der Steillagen* Das WeinBergWerk – eine der jüngsten Genossenschaften in Württemberg	91
30	*Mit Rosenduft und Muskatnote* Der Wildmuskat vom Amalienhof	95
31	*Alle Kraft geht vom Boden aus* Hartmann Dippon – Biowinzer in Beilstein	97
32	*Auf den Bergen kühler Wein* Weingut Herzog von Württemberg, Schloss Monrepos Ludwigsburg	101
33	*Die Mutter der Genossenschaften* Marktstabilisator und Dienstleister – die WZG in Möglingen	105
34	*Wein soll Vergnügen bereiten* Bernd Kreis – Weinhändler und Wein-Barista in Stuttgart	109
35	*Wengerter und Sonnenanbeter* Stuttgart und seine Weinwanderwege	111
36	*Besen! Besen! Seid's gewesen* Tradition und Standbein im Weingut Wöhrwag in Obertürkheim	115
37	*Das Juwel im Kreuzgewölbe* Der Holzfasskeller der Weinmanufaktur Untertürkheim	117
38	*Die Liebe höret nimmer auf* Die Grabkapelle auf dem Württemberg – Weinblick inklusive	119
39	*Die Kelter mit dem Panoramablick* Das Collegium Wirtemberg – Stuttgarts größte Genossenschaft	123

40	*Unterm großen Dach der alten Kelter*	
	Das Stuttgarter Weinbaumuseum und seine Vinothek in Uhlbach ...	125
41	*Traditionsgaststätte mit Herz*	
	Weinstube Ochsen im Stuttgarter Weindorf Uhlbach	129
42	*Zum Lachen in den Keller*	
	Humor und Weinwissen mit dem Wein-Kabarett Schräglage	131
43	*Aus dunklem Keller ins Licht*	
	Ausgezeichnete Architektur der Weinkellerei Kern in Rommelshausen	133
44	*Die pure Lust am Formen*	
	Karl Ulrich Nuss und der Strümpfelbacher Skulpturenweg	137
45	*Weinperlen statt Perlweine*	
	Weingut Kuhnle – Patentierte Wein-Innovation aus Strümpfelbach	141
46	*Wo die kleinen Reben herkommen*	
	Thomas Wahler – Rebveredler in Schnait	143
47	*Die Pioniere des Holzwegs*	
	Die Hades-Gruppe – Weingut Ellwanger in Winterbach	147
48	*Methusaleme mit drei Schenkeln*	
	Schlössleswengert – Jochen Beurers Museumsweinberg in Stetten ...	151
49	*Sekt in the City*	
	Kessler in Esslingen – die älteste Sektkellerei Deutschlands	155
50	*Der kalte Hauch der Alb*	
	Der Hohenneuffen und der Täleswein	159
51	*Outlet-City mit 1.000 Jahren Weinkultur*	
	Weinbaumuseum in der Metzinger Kelter	163
52	*»Hier schafft jeder, wie er denkt«*	
	Sabine Koch und Stefan Haderlein – Nebenerwerbswinzer in Unterjesingen	167
53	*Das Fass muss durch das Feuer*	
	Küferei Streib in Mössingen	171
54	*Am Südzipfel des Württembergers*	
	Rund um Kressbronn schnuppert das Anbaugebiet Bodenseeluft ...	175
55	*Ein Museum für alle Sinne*	
	Das Vineum in Meersburg – Weinbau und seine Geschichte am Bodensee	179
	Adressen	184
	Karten	188

»*Seliges Land!*
Kein Hügel wächst
in dir ohne Weinstock ...«
(Friedrich Hölderin, »Der Wanderer«)

1 · Die Wiedergeburt des roten Schwarzen
Die Genossenschaft der Markelsheimer Weingärtner im Taubertal

Carl Ludwig von Hohenlohe-Weikersheim sei Dank. Der Graf soll im Jahr 1726 einer im Taubertal verbreiteten Rebsorte den Namen »Tauberschwarz« gegeben haben. »Dafür gebührt ihm noch heute ein Orden«, sagt die Markelsheimer Winzerin Conny Lehr. Denn keine andere Rebsorte ist namentlich so eng mit ihrem heimischen Anbaugebiet verbunden wie der leichte Rote aus dem Taubertal. Ob der Weikersheimer Graf tatsächlich der Namenspate für die Rebsorte war, darf bezweifelt werden. Denn bereits ein Vierteljahrhundert zuvor tauchte der Name »Tauberschwarz« in einer Landesverordnung des Würzburger Fürstbischofs auf.

Wie auch immer, die Rebsorte trug viele Namen – andere Orte, andere Worte: »Grobschwarz« weist der Önologe Lambert Joseph von Babo bereits in der ersten Hälfte des 19. Jahrhunderts dem Tauberschwarz ebenso als Synonym zu wie auch »Hartwegstraube«. Und 1844, in *Der Weinstock und seine Varietäten*, fügt er hinzu, »dass der württembergische Blaue Hängling ebenfalls als Tauberschwarz vorkömmt«. Vor allem im Oberen Neckartal und in den Weinbergen am Fuße der Alb war der Blaue Hängling während des 18. und 19. Jahrhunderts verbreitet. Babos Zeitgenosse, der Verwaltungsbeamte und Winzer Immanuel Dornfeld, bleibt in seiner »Geschichte des Weinbaus in Schwaben« für den Weinbau im württembergischen Frankenland bei der Bezeichnung »Grobschwarz« und vermerkt als Anbauschwerpunkte nicht nur das Taubertal, sondern auch die benachbarten Täler von Kocher und Jagst.

Das war einmal. Heute ist das schöne und romantische Tal der Tauber gewissermaßen Weltmarktführer in Sachen Tauberschwarz – auch wenn nur rund 14 Hektar im gesamten Tal damit bestockt sind. Immerhin liegt mit neun Hektar im Lieblichen Taubertal, rund um Markelsheim und Weikersheim, der Löwenanteil davon im Anbaugebiet Württemberg. Denn Tauber aufwärts, hinter Schäftersheim, beginnt Franken, und flussabwärts, hinter Bad Mergentheim bei Edelfingen, gehören die Weinberge in den Verantwortungsbereich des Badischen Weinbauverbands. Dennoch ist es unterm Strich ein recht kleines Gärtchen für den Tauberschwarz, angesichts der Anbaufläche von rund 11.500 Hektar an Weinbergen allein in Württemberg.

Das Württemberger Taubertal ist im Wesentlichen Genossenschaftsland. Hier dominiert die

Botschafterin Württemberger Weins und des Tauberschwarz im Besonderen: Theresa Olkus

Blick über die Weinberge auf Markelsheim

Genossenschaft der Markelsheimer Weingärtner. Mit dem Weingut Braun gibt es gerade noch ein selbstvermarktendes Weingut in dem malerischen Bad Mergentheimer Teilort. Auf rund 200 Hektar bestellen die rund 300 Markelsheimer Genossen, zu denen heute auch die Kollegen aus Weikersheim, Elpersheim, Schäftersheim, Laudenbach, Oberstetten und Vorbachzimmern gehören, ihre Weinberge. Man sieht: Der Tauberschwarz, auch wenn er eine Spezialität der Region ist, spielt lediglich eine untergeordnete Rolle. Dies kommt nicht von ungefähr. »Tauberschwarz ist nicht die einfachste Sorte. Die Winzer sagen, er braucht doppelte Aufmerksamkeit«, sagt Theresa Olkus, einst Württemberger und Markelsheimer Weinkönigin. Auch wenn sie ihre Krönungsinsignien längst abgelegt hat, versteht sie sich noch immer als Botschafterin für den Württemberger Wein im Allgemeinen – und für den Tauberschwarz im Besonderen. Als Spross einer Markelsheimer Weingärtner-Familie wurde Theresa Olkus die Liebe zur Taubertäler-Spezialität vermutlich schon in die Wiege gelegt. Aufmerksamkeit des Winzers, das heißt vor allem, die Rebschere in die Hand zu nehmen, weil der Tauberschwarz eine stark wachsende Rebe ist, die im Zaum gehalten werden will. Denn wenn etwas ins Kraut schießt, hat dies in der Regel weniger gute Auswirkungen auf die Qualität der Früchte. Dazu ist die Rebsorte anfällig für Botrytis, eine Pilzerkrankung. Der Pilz kann als Edelfäule in späten Reifestadien zwar zu edelsüßen Spezialitäten führen, die dünne Beerenhaut des Tauberschwarz lässt im Zweifelsfall den Pilz jedoch schon früh ins

Fruchtfleisch passieren. Die Folge: Die Traube bleibt sauer und fault.

Und: Der Name ist schon ein wenig Etikettenschwindel, denn der Wein dieser Rebsorte ist alles andere als schwarz. In der Farbe tendiert der Taubertäler mit seinem Kirschrot eher zum Trollinger und zum Spätburgunder. Denn da die rote Farbe des Weins aus der Schale kommt, kann die dünnhäutige Beere dem Tauberschwarz nicht allzu viel davon mitgeben. »Am Tauberschwarz scheiden sich deshalb die Geister – wie beim Trollinger. Viele sagen, das ist gar kein richtiger Rotwein«, sagt Theresa Olkus. Der Tauberschwarz ist kein tanninstrotzender Kraftprotz. Er punktet mit Frische und Frucht, einem milden Kirschton, dem eine markante Bitternote folgt. Theresa Olkus: »Die Muschelkalkböden und das kühle Klima machen den Tauberschwarz hier eher filigran und fein-fruchtig. Aber ich finde, das Mineralische steht dem Wein gut und gibt ihm eine besondere Würze.« Ohnehin müsse man die Erzeugnisse aus dieser autochthonen Rebsorte nicht kleinreden. »Der Wein kommt nicht tanninreich und nicht breitschultrig daher. Aber man muss aus ihm auch keinen Wein machen, der er nicht ist, sondern ihm sein authentisches Gesicht lassen«, sagt die Markelsheimerin in ihrem Plädoyer für den Tauberschwarz.

Dabei hatte es schon ziemlich schwarz um den Tauberschwarz ausgesehen. Im Zuge der Rebflurbereinigung fielen in den 50er- und 60er-Jahren des vorigen Jahrhunderts nahezu alle Stöcke der Hacke zum Opfer – rund 400 Jahre, nachdem die Rebsorte auf Geheiß des Grafen Wolfgang von Hohenlohe schwerpunktmäßig im Tal angebaut wurde. Stattdessen wurden die steilen Weinberge vor allem mit weniger anfälligen, ertragreicheren und besser zu vermarktenden Sorten wie Silvaner, Müller-Thurgau oder auch Schwarzriesling bestockt. Lediglich in Ebertsbronn stand noch eine Anlage von rund 300 Weinstöcken der autochthonen Sorte. Dann kam der Frostwinter 1978. »Damals sind in Ebertsbronn nahezu alle Reben erfroren – nur der Tauberschwarz hat den Frost überstanden«, erzählt Theresa Olkus. Gerade auch diese Frostbeständigkeit hat dem Tauberschwarz bis heute seine Daseinsberechtigung gegeben. Die Staatliche Lehr- und Versuchsanstalt für Wein- und Obstbau in Weinsberg kümmerte sich verstärkt züchterisch um den Roten von der Tauber und sorgte dafür, dass die Sorte vermehrt wurde. 1994 schließlich wurde der Tauberschwarz in die Bundessortenliste aufgenommen und darf seitdem auch außerhalb von Versuchsanlagen wieder angebaut werden. Dies war die Wiedergeburt des Tauberschwarz und legte den Grundstein dafür, dass das schöne Taubertal zum Epizentrum dieser autochthonen Rebsorte wurde.

Wie einst Diogenes in der Tonne
Übernachten im Weinfass bei Markelsheim

»Wäre ich nicht Alexander, ich möchte wohl Diogenes sein.« Die Bedürfnislosigkeit und der Stolz des Philosophen, der in einer einfachen, leeren Tonne hauste, soll dem makedonischen Herrscher mächtig imponiert haben. Denn Diogenes wird nachgesagt, er habe lediglich »Geh mir ein wenig aus der Sonne« geantwortet, als ihn Alexander nach seinen Wünschen befragte.

»Es ist immer wieder überraschend, wie wenig man braucht, um glücklich zu sein«, sagt Conny Lehr aus Markelsheim. Sie und ihr Mann Thomas bieten ihren Gästen seit einigen Jahren an, in Fässern zu übernachten. Dabei ist Diogenes nicht das einzige Vorbild dieser »fasszinierenden« Herberge. Auch in der Ortenau gab es zuvor schon derartige Angebote. »Warum soll das nicht auch bei uns funktionieren«, sagten sich die beiden Markelsheimer und stellten 2012 die ersten beiden Fasspaare auf. Heute sind es deren vier, die in gebührendem Abstand oberhalb der Weinberge des Roggenbergs am Waldrand verteilt sind. Damit soll es genug sein. »Das reicht. Wir wollen dort kein Fass-Dorf bauen«, sagt Conny Lehr.

Dabei ist das angesprochene Wenige, das es zum Glück braucht, relativ. Dies hat mit Diogenes nur noch am Rande zu tun. Die Fässer aus Fichtenholz und verzinkten Fassreifen haben ein Fassungsvermögen von rund 8.000 Litern. Genug für ein gemütliches, breites Bett unter der gewölbten Decke. Ohnehin: Der Kreis, die runde Form, gilt in vielen Kulturen als Idealform, als Symbol des Lebens, der Harmonie. Entsprechend behaglich und geborgen wie in Abrahams Schoß darf man sich im Fasse fühlen. Schlafen ist das eine. Regenschutz und die alltäglichen Bedürfnisse der Reinlichkeit sind das andere – doch dafür steht den Gästen ein zweites Fass zur Verfügung, das auf derselben Parzelle am Waldrand steht. Das eigentliche Wohnzimmer für die Tage in der Tonne ist vor der Fasstür unter freiem Himmel auf der Terrasse – ausgestattet mit Bänkchen, Liegestühlen und einem Sonnenschirm. Der Vorgarten sind die Rebzeilen der Weinlage Mönchberg, die sich vom Waldrand in perfekter Südlage talwärts ziehen. Diese Lagenbezeichnung gilt auch drüben, jenseits von Markelsheim, in den oberen Lagen des Tauberbergs, dessen breiter Hang südwestlich, hinab zur Tauber ausgerichtet ist. Im Mittelhang liegt die Teillage Probstberg, dessen Muschelkalkboden besondere Rieslinge

Fas(s)zinierende Schlafgelegenheit

Morgenstunde über den Weinbergen am Roggenberg

oder auch Silvaner hervorbringt. So liegt auch drunten im Tal dem Fassbewohner Markelsheim zu Füßen.

»Der ansehnliche Ort liegt schön und stattlich, lang hingestreckt zwischen Weinbergen und Obstgärten beim Einfluß des Apfelbaches in die Tauber. Besonders wirkt der vom östlichen Thalabhang, dem Engelsberg, malerisch herabschauende Thurm sammt den Steinbauten des früheren Klosters und gibt dem ganzen Ort etwas Stadtartiges«, heißt es in der Mergentheimer Oberamtsbeschreibung von 1880. Daran hat sich nicht viel geändert, auch wenn für das »Stadtartige« heute sicher andere Maßstäbe gelten.

Ein wenig schief wirkt der 48 Meter hohe Turm aus dem späten 15. Jahrhundert mit seinem schwarzen, schiefergedeckten Turmhelm.

»Es heißt, er wird erst wieder gerade, wenn eine Jungfrau durchläuft«, erzählt Conny Lehr mit einem verschmitzten Lächeln. Der Turm auf dem Engelsberg gehört zu dem malerischen Ensemble eines ehemaligen Beginenklosters. Überhaupt ist Markelsheim ein schmucker Ort mit viel altem Fachwerk. Hübsch auch das Rathaus aus dem 14. Jahrhundert mit seinen beiden spitzgiebeligen Erkern, das dem Deutschritterorden einst als Gerichtsgebäude diente. Unten an der Tauber führt auch der Tauberradweg von Wertheim, Baden-Württembergs nördlichster Stadt, nach Rothenburg vorbei. Auf der rund 110 Kilometer langen Strecke liegt Markelsheim fast genau auf halbem Weg und ist ein beliebtes Etappenziel bei den Radlern. Dazu bietet der Ort viele Übernachtungsmöglichkeiten – neben Hotelzimmern und Pensionen auch eine Vielzahl von Privatzimmern und Ferienwohnungen. Und hungrig muss in dem kleinen Weinort auch kein Tourist den Tag beschließen. Das Weinlaubenrestaurant Schurk und die Weinstube Lochner sind allemal eine Einkehr wert. Sie präsentieren auf ihren Speisekarten vor allem auch Taubertäler Spezialitäten.

Markelsheim ist nicht nur der größte Teilort von Bad Mergentheim, sondern auch der weinseligste, sagt man. »Einst besaß wohl jeder Markelsheimer ein Stück Weinberg«, erzählt die ehemalige Württemberger Weinkönigin Theresa Olkus, eine waschechte Markelsheimerin. Mit Weinkultur im volkstümlichen Sinn hat ein Ereignis zu tun, das sich sowohl die Einheimischen als auch viele Touristen rot im Kalender anstreichen: das Markelsheimer Weinfest. Immer in der Woche nach Pfingsten von Freitag bis Montag versetzt es den Ort in den Ausnahmezustand. Nach der Eröffnungsparty am Freitagabend warten am Samstag die Weinlauben rund um den Weinbrunnen mit viel Musik auf die Gäste. Sonntags steht der festliche Umzug auf dem Programm. »Der Festzug ist schöner als der in Neustadt an der Weinstraße. Alle Vereine sind dabei und bauen Motivwagen. Man spürt einfach die Ortsgemeinschaft, wie sich alle dabei einbringen«, sagt Conny Lehr. Für sie und ihre Familie ist es eine Ehrensache, dass sich der Jakobshof ebenfalls beteiligt. Ein Publikumsmagnet ist am Montag der Buttenlauf, bei dem es für die Teilnehmer sowohl von innen als auch von außen recht feucht werden kann, wenn sie mit Wasser gefüllten Butten auf dem Rücken einen Parcours bewältigen müssen.

Beschaulicher, wenn auch nicht weniger unterhaltsam, sind die Weinberggrundfahrten, zu denen die Familie Lehr Gäste hoch auf den gelben Wagen lädt. Dies kann eine vielstimmige Angelegenheit werden, denn dabei wird gesungen. Und damit alle mitsingen können, bekommt jeder ein Liederheft, in Großbuchstaben gedruckt, an die Hand. Den Ton gibt Conny Lehr mit ihrem Akkordeon an. Bis zu 52 Fahrgäste nimmt der gelbe Wagen auf. »So bekommen alle die gleiche Stimmung mit«, sagt Conny Lehr, die ihre Gäste an der Roggenberghütte, unweit der Übernachtungsfässer, mit Wein, selbst gebackenem Brot sowie hausgemachtem Frischkäse und Wurstspezialitäten vom Markelsheimer Metzger versorgt.

Einen solch üppigen Vesperteller darf auch der Fassschläfer erwarten. Dieser wird den Übernachtungsgästen, ebenso wie am nächsten Morgen das Frühstück, hinauf auf den Roggenberg gebracht. Wie sagt Conny Lehr? Es bedarf nicht viel zum Glück und zur Zufriedenheit. Dies hat Diogenes schon vor über 2.300 Jahren erkannt.

Auf dem Weg zum großen Fass
Kochertaler Genießertour rund um Ingelfingen

In zwei größeren Schleifen schlängelt sich der Kocher zwischen Künzelsau und Forchtenberg durch den Talgrund. Tief hat sich der Fluss eingegraben und steil sind die Südhänge, die mit Reben bewachsen sind. Hier, durch die Weinberge, führt die Hohenloher Genießertour. Jedes Jahr an einem der letzten Augustwochenenden geht es auf rund 16 Kilometern vom Künzelsauer Teilort Belsenberg über die Weinberge von Ingelfingen, Criesbach und Niedernhall, über Weißbach bis nach Forchtenberg. »Auf der Strecke gibt es elf Stationen. Man kann ungefähr alle eineinhalb Kilometer einkehren. Es braucht unterwegs also keiner zu hungern«, sagt Susanne Schmezer. Neben Wein und regionalen Spezialitäten wird auch Unterhaltung geboten. Susanne Schmezer ist Weingärtnerin in Ingelfingen und Vorsitzende des Vereins Kochertaler Genießertour, der das zweitägige Ereignis seit 2015 alljährlich ausrichtet.

Ins Leben gerufen hatte die Tour Dieter Häberlein, ein Bäcker aus Niedernhall, bereits 2002. Er hatte sich die Idee bei einer ähnlichen Veranstaltung abgeguckt und fürs Kochertal angepasst. »Unsere Weinberge geben den schönen Rahmen für die Tour auf alle Fälle her«, sagt Susanne Schmezer. Sie schwärmt für ihre Heimat. »Das Kocher- und das Jagsttal sind sehr idyllisch. Die vielfältige Reblandschaft schafft eine besondere Atmosphäre. Und von oben hat man immer einen schönen Ausblick«, sagt sie.

Ein Trumpf – auch für die Kochertaler Genießertour, die 2018 mit dem Weintourismus-Preis Baden-Württemberg ausgezeichnet wurde. »Eine Weinreise ist dann unvergesslich, wenn sie zum Erlebnis wird«, sagt Andreas Braun, Geschäftsführer der Tourismus Marketing GmbH Baden-Württemberg. Ein Erlebnis ist die Genießertour allemal. Spätestens dann, wenn die Wanderer auf ungefähr halber Strecke das Ingelfinger Fass erreichen. Die überdimensionale Tonne auf einem gemauerten Natursteinsockel gilt als zweitgrößtes Holzfass Europas. Der Unternehmer Fritz Müller, Spross einer Winzerfamilie, hatte 2001 das Fass bauen lassen. Sieben Meter hoch, beherbergt es ein kleines Weinbaumuseum, das in der Regel aber nicht öffentlich zugänglich ist. Gleich nebenan informiert ein Weinlehrpfad über Rebsorten, Böden und auch Anbaumethoden – und gewährt einen Blick übers Kochertal.

Haushohe Erscheinung: das Ingelfinger Fass

Der alte Berg des Fürsten
Weingut Fürst Hohenlohe am Verrenberger Verrenberg

Das Prunkstück des Weinguts hat Joachim Brand direkt vor der Nase. Wer am Ortseingang von Verrenberg hinab zur Wiesenkelter fährt, hält direkt auf den Verrenberger Verrenberg zu – die Premiumlage des Weinguts Fürst Hohenlohe Oehringen, dessen Verwalter und Kellermeister Joachim Brand ist. Der Verrenberg ist eine Monopollage. Sprich: Aller Wein, der hier wächst, gehört dem Fürsten.

Ein alter Weinberg, der bereits 1256 zumindest in Teilen im Besitz der fürstlichen Familie ist. Und ein besonderer Weinberg obendrein: Auch wenn der Hang sich in seiner Südexposition in der Sonne räkelt, zeigt er dem Winzer doch meist eher die kühle Schulter. »Der Berg hat eine optimale Form. Dazu weht durch das Tal immer ein Wind«, sagt Joachim Brand. Die leichte Brise verschafft den Trauben immer ein wenig Abkühlung und mindert mit einer guten Durchlüftung die Gefahr des Pilzbefalls.

Doch zum Terroir gehört freilich auch der Boden. Ein lehmreicher Keuperboden, der dem Riesling beispielsweise eine kräutrige Würze verleiht. Gleich nebenan, an den Hängen des Goldbergs, fällt das Ergebnis anders aus. Hier kommen beim Riesling eher fruchtige Aromen wie Zitrusnoten zum Tragen. So spricht Joachim Brand von einer erkennbaren Grundaromatik des Verrenbergs. »Keuper spielt bei beiden eine Rolle. Entscheidend ist der Lettenanteil. Am Goldberg haben wir mehr Kies im Boden, der deshalb auch schneller abtrocknet«, sagt Joachim Brand. Weinberge hat das fürstliche Gut auch drüben im Ohrntal bei Untersteinbach im Steinbacher Gebirg. Auch dort wurzeln die Reben in Keuperböden, aber auch dort steckt weniger Letten im Untergrund und die Lage ist mit bis zu 400 Metern wesentlich höher als im Verrenberg.

Doch nicht nur dem Riesling gefällt es auf dem fetten Boden, aus ihm zieht auch der Lemberger seine Kraft für das Große Gewächs des VDP-Weinguts. Eines der Flaggschiffe des Hauses, das, wie der Spätburgunder dieser Linie oder erst recht die Hades-Weine, mehr oder weniger von Eichenholz geküsst ist. Für Joachim Brand ist es eine der schönsten Seiten seines Berufs, auf der Klaviatur des Barriques zu spielen. »Das gefällt mir am meisten.« Und der Trollinger? »Das ist Pflicht, wir machen etwas Ordentliches daraus – aber große Freunde werden wir nicht.«

Verwaltet ein fürstliches Weingut: Joachim Brand

Ein Schluck aus der warmen Heimat
Wein am Limes – das Weingut Ungerer in Pfedelbach-Renzen

Es war um das Jahr 150 nach Christus, als die Römer mal wieder frech wurden. Rund 140 Jahre, nachdem sie sich in der Varus-Schlacht, viel weiter nördlich im Teutoburger Wald, mehr als nur eine blutige Nase geholt hatten, schoben sie ihre Grenze im heutigen Baden-Württemberg ein paar Kilometer weiter nach Osten – den Limes. Dabei ging es weniger darum, den Germanen mehr Land abzutrotzen, als vielmehr darum, die Grenze zu begradigen. Ganz nebenbei: Der Limes gilt in seiner gesamten Länge von 550 Kilometern zwischen dem Rhein bei Andernach und der Donau bei Regensburg als das längste Bodendenkmal Europas.

Eine Grenze mit Wachtürmen, Wall und Graben. Und alle 14 Kilometer waren im nahen Hinterland Soldaten stationiert, um marodierende Germanen abzufangen. Dabei war der Limes keine geschlossene Demarkationslinie. Er diente vor allem auch dazu, den Grenzverkehr zu regeln. Denn zwischen den Römern und den sogenannten Barbaren jenseits des Limes herrschte ein reger Warenaustausch. Aber der Limes war noch viel mehr. Er war ein Symbol, ein Machtbeweis – und ein wenig Angeberei war sicher auch dabei. Seht her, hier ist Rom. Wir können etwas, was ihr nicht könnt. Dafür steht vor allem auch der nahezu schnurgerade Grenzverlauf zwischen Miltenberg am Main und Lorch, wo die Grenzlinie einen Knick mehr oder weniger nach Osten in Richtung Regensburg machte. Eine Ingenieursleistung, der selbst heutige Geometer noch Respekt zollen.

Die Römer sind längst weg. Für ihren Niedergang bedurfte es keiner zweiten Varus-Schlacht in Germanien, das haben sie schon selbst besorgt. Erst wurden Truppen abgezogen und in andere Teile des Reiches verlegt. Dann schlugen sich die Römer – namentlich unter dem Gegenkaiser Postumus, der am Rhein ein Gallisches Sonderreich ausgerufen hatte, und Gallienus, Zentralkaiser des Reiches in Rom – Mitte des dritten Jahrhunderts zwischen Donau und Rhein selbst die Köpfe ein. Diese Chance nutzten die Alemannen von der anderen Seite des Limes, in das sogenannte »Dekumatsland« in Richtung Neckar vorzustoßen. Ohne dabei auf nennenswerten Widerstand zu treffen. »In den 270er-Jahren war im Neckarraum bereits alles in alemannischer Hand«, sagt der Vor- und Frühgeschichtler und Germanen-Experte Klaus Frank vom Amt für Bodendenkmale im Rheinland. Die Ankömmlinge nahmen unter anderem die verlassenen römischen Villen in Beschlag oder bauten sie für ihre Bedürfnisse um. Auch der Limes hat

Ein Winzer und sein Wein: Karlheinz Ungerer

Der Limesblick in Pfedelbach-Gleichen gewährt einen Blick in die Vergangenheit

bis heute seine Spuren hinterlassen. Doch es sind nicht nur archäologische Befunde wie Reste von Wällen und Fundamenten von Wachtürmen, bei denen der Limes sichtbar wird. Das Projekt Limesblick der Gemeinden Zweiflingen, Öhringen und Pfedelbach macht mit seinen drei Beobachtungsplattformen heute den Verlauf des Unesco-Weltkulturerbes auf einem kleinen Abschnitt wieder erkennbar.

Unweit des Limesblicks in Pfedelbach-Gleichen und des ungewöhnlichen sechseckigen Fundaments eines Limes-Turms im Wald hat Karlheinz Ungerer sein Weingut in Pfedelbach-Renzen. Mit Blick auf den Limes ist Karlheinz Ungerer ein Grenzgänger, denn seine Weinberge erstrecken sich sowohl diesseits als auch jenseits der ehemaligen Grenze des Römischen Reichs. Vor allem in der legendären Lage Dachsteiger liegt der Großteil seiner rund neun Hektar großen Rebfläche. Der skurrile Name »Dachsteiger« hat wohl in der Steilheit der Lage seinen Ursprung, die im Ohrntal von rund 250 Metern bis zu 380 Metern ansteigt. Dabei sind die Hanglagen in erster Linie nach Süden und Südwesten ausgerichtet. »Der Berg steigt hier an wie ein Dachgiebel«, sagt der Wengerter.

War hier der Silvaner früher die wichtigste Säule, so ist es heute der Riesling im Weingut, das Karlheinz Ungerer 1993 mit dem Austritt aus der Genossenschaft gegründet hat. »Doch wir haben noch einen alten Weinberg mit Silvaner. Den halten wir in Ehren«, sagt der gelernte Weinbautechniker. Kein Wunder, denn die von

Hand gelesenen und kühl vergorenen Reben sorgen für einen zart duftigen Tropfen. Trollinger, Lemberger und Burgunder-Sorten stellen hinter dem Riesling die weiteren wichtigen Posten im Portfolio des Weinguts. Dabei ist der Anteil von Rot und Weiß jeweils nahezu 50 Prozent. Die maischevergorenen Roten bieten die Grundlage für Karlheinz Ungerer, sein Steckenpferd zu reiten: Cuvées zu komponieren. Das Flaggschiff, eine Cuvée aus Lemberger und Cabernet-Sorten, nennt der Winzer *Respekt*, angesichts der Energie, die das Glas füllt. Eine andere Assemblage aus Lemberger, Cabernet Franc und Acolon heißt, angelehnt an die Zeit der Römer im Ohrntal, *Saltatio Virium* – der Tanz der Kräfte.

Doch dort, wo Karlheinz Ungerer und seine Kollegen von der Genossenschaft heute ihren Wein anbauen, gab es selbst zu römischen Hochzeiten wohl nur Wald. »Kein Weinbau am Limes«, sagt Dr. Jörg Scheuerbrandt, Leiter des Römermuseums in Osterburken, »die Römer hatten genug damit zu tun, sich mit Grundnahrungsmitteln, also Getreide, zu versorgen.«

Überhaupt, so Dr. Scheuerbrandt, fehlt ein archäologischer Nachweis für römischen Weinbau um diese Zeit. Wohl sind hier und da, auch in heutigen Anbaugebieten, rostige Reste von Rebmessern ausgegraben worden, doch diese müssen nicht zwangsläufig in Weinbergen zum Einsatz gekommen sein. Auch in Gärten dürften sie ausgezeichnet ihre Dienste verrichtet haben. Auch zeugt der von Reben umrankte Schaft der Jupitersäule von Walheim von der Wertschätzung römischer Weinkultur. Aber Reste von Keltern? Aus dieser Zeit? Fehlanzeige. Was vielleicht auch daran liegt, dass Kaiser Domitian im 1. Jahrhundert den Weinbau in Italien und den Provinzen stark eindämmte – auch wenn Historiker davon ausgehen, dass sich die Anbaubegrenzung nie richtig durchsetzen ließ. Ein Verbot, das erst knapp 200 Jahre später von Kaiser Probus wieder aufgehoben wurde. Der erste sichere Befund von Weinbau aus dieser Ecke des Römischen Reiches stammt mit Keltergruben aus dem 4. Jahrhundert von der Mosel. Dort und am Rhein hatte sich die Präsenz der Römer bis ins 5. Jahrhundert halten können.

Das heißt nicht, dass die Legionäre in den Lagern am Limes auf dem Trockenen saßen. Wie die U. S. Army an nahezu allen möglichen und unmöglichen Orten der Welt die Truppe mit Coca Cola versorgt, bekamen auch die Legionäre ihren Wein. Dies unterstreichen Funde von feinen Trinkgefäßen oder auch Weinsieben, denn der Wein war trübe und nicht filtriert. Vor allem aber deuten Weinamphoren aus dem Mittelmeerraum darauf hin, dass die römische Weinkultur auch in den nördlichen Provinzen gepflegt wurde. Ein Schluck warme Heimat in der kühlen Ferne.

Das große Prickeln für den Sekt
Wein- und Sektkellerei Horst Stengel in Gellmersbach

Wie eine Bürste sitzt der Wald oben auf der Kuppe des Bergs. Darunter ziehen sich die Reihen der Rebzeilen hinab nach Gellmersbach. Schon die Brüder das nahen Klosters Schöntal im Tal der Jagst hatten im hohen Mittelalter an diesen Hängen Wein angebaut. Nicht umsonst heißt das Gewann in der Lage Dezberg »Bruderweinberg«. Hier oben steht das Wengertshäuschen von Ellen und Horst Stengel. In dem Taleinschnitt darunter sammelt sich die Wärme der Sonne. Doch es ist nicht nur ein Unterschlupf für die Winzerfamilie, es ist die *Auberge Perlage*. Hier bewirten die Stengels bei verschiedenen Gelegenheiten ihrer Kundschaft und gewähren einen Einblick in die Arbeit des Winzers. »Unsere Berliner Kunden wissen nicht unbedingt, wie ein Rebstock aussieht«, sagt Horst Stengel.

Berlin ist ein wichtiger Markt für die Stengels. Im sonst so champagnerlastigen Angebot im Kaufhaus des Westens haben sich die Gellmersbacher Sektspezialisten eine Spitzenstellung erarbeitet. Dies Basis dazu, die duftigen Aromasorten Muskateller und Muskattrollinger, wachsen auf dem Sonnenhang unterhalb der Auberge Perlage.

Den Anstoß, eines der führenden deutschen Sektweingüter zu werden, gab ausgerechnet der alte Benediktinermönch Dom Perignon, der im 17. Jahrhundert die Flaschengärung weiterentwickelt hat. »Es war weniger der Name der großen Champagner-Marke, als vielmehr die Kreativität dieses Menschen, die mich so begeistert hat«, erinnert sich Horst Stengel. Die Begeisterung setzte er in die Tat um. Mit ein wenig Skepsis reagierte Vater Otto Stengel auf die Pläne seines Sprösslings, der in fünfter Generation die Tradition der alten Küfersfamilie fortführte. Doch er ließ ihn gewähren. Das Ergebnis: Von seinem Erstlingssekt, einem Samtrot Rosé, brachte Horst Stengel 1988 ganze 426 Flaschen auf den Markt. Als er die Sektflaschen mit 18,50 Mark auszeichnete, erklärte ihn sein Vater für komplett verrückt. Indes: Nach zwei Monaten war der Sekt ausverkauft und Otto Stengel sagte: »Das machen wir weiter.«

Mittlerweile hat Horst Stengel das große Prickeln in seinen Adern für den Sekt an seine Töchter weitergegeben. Mit der duftigen und blumigen Cuvée My haben die beiden bereits ihren ersten eigenen Sekt auf den Markt gebracht. Lisa, die jüngere, war dabei für das Flaschendesign verantwortlich, Carolin, Önologin und Jungwinzer-Preisträgerin, sorgte für den Flascheninhalt. Vater Horst ist mehr als zufrieden: »Mir kann nichts Besseres passieren.«

Horst Stengel in seinem Sektkeller

Es lächelt der See, er ladet zum Bade
Der Breitenauer See im Weinsberger Tal

Land unter. Bis in die 70er-Jahre des vorigen Jahrhunderts trat die Sulm immer mal wieder über die Ufer. Doch das verheerende Hochwasser vom Mai 1970 brachte mit seinen Millionenschäden im Unterlauf das Fass zum Überlaufen. Es musste gehandelt werden und die damalige Landesregierung unter Hans Filbinger beschloss ein Hochwasserschutzprogramm, das vor allem auch das Audi-Werk in Neckarsulm vor den Fluten schützen sollte. Viele Tausend Arbeiter des Autoherstellers bangten damals um ihre Arbeitsplätze. Denn die Hochwassergefahr bedrohte den Automobilstandort. Heute wird die Sulm durch eine ganze Reihe von Hochwasserrückhaltebecken zwischen Neckarsulm und Löwenstein im Zaum gehalten, die auch schon zum Teil an den Zuflüssen dafür sorgen, dass der Pegel der Sulm nicht mehr auf Hochwassermarken steigt.

Das größte dieser Becken ist der Breitenauer See. Mit einer Ausdehnung von rund 40 Hektar gilt er als die größte Wasserfläche im Regierungsbezirk Stuttgart. Doch mit dem technisch zwar korrekten Terminus »Becken« ist er nur unzureichend beschrieben. »Es lächelt der See, er ladet zum Bade«, setzte Friedrich Schiller in Wilhelm Tell dem Vierwaldstätter See ein Denkmal. Auch der Breitenauer See lockt übers Jahr viele Tausend Besucher, die das Naherholungsgebiet am Seeufer nutzen, um Wassersport zu betreiben und Sonne zu tanken. Der Campingplatz am Westufer bietet sich nicht nur als Basislager für das Badevergnügen an, sondern auch für Ausflüge in die Löwensteiner Berge. Während der Vierwaldstätter See von schroffen Gebirgszüge eingefasst ist, umsäumen Weinberge den Breitenauer See.

Hier ist das Reich der Winzer vom Weinsberger Tal. Die Genossenschaft ging 2011 aus der Fusion der Genossenschaften aus Eberstadt, Willsbach, Eschenau und Löwenstein hervor. Mitten im Weinberg, mit Blick auf den See, öffnen sie zwischen April und Ende Oktober an Sonn- und Feiertagen von 11 bis 18 Uhr ihr Wengerthäusle: Ein Wagen, an dem die Weine der Genossenschaft ausgeschenkt werden, und unterm Sonnenschirm lassen sich der Ausblick und ein guter Tropfen genießen. Vom Weinhaus Löwenstein aus weisen Schilder den Weg zum Wengerthäusle und auch vom Campingplatz ist es nur ein Katzensprung hinauf auf den Weinberg – allemal ein lohnendes Ziel.

Wein und Ausblick: am Wengertshäusle der Winzer vom Weinsberger Tal

Rosen und die treuen Weiber
Der Weinsberger Wein- und Rosenrundweg

»Lernen ist wie Rudern, hört man auf, treibt man zurück«, steht auf einer der Sandsteinplatten am Wegrand. Mit Erkenntnissen wie diesen haben sich die Jahrgänge der Weinbauschule in Stein gemeißelt verewigt. Die Galerie dieser Aphorismen liegt am Wein- und Rosenrundweg, der am Parkplatz bei der Weinsberger Johanneskirche, unterhalb der Burgruine Weibertreu, beginnt. Dieser Weg ist eine kleine Extraschleife auf dem Württemberger Weinwanderweg, der sich im Zeichen der roten Traube über rund 310 Kilometer vom fränkischen Aub bis nach Esslingen zieht.

An alten Weinbergmauern vorbei geht es auf dem Weg kurz steil bergan, der dann die meiste Zeit auf einer Höhe einen guten Kilometer um den Burgberg führt. Im Blick nach oben stets die Weinberge und obenauf die Weibertreu. Der Name erinnert an die sprichwörtlich treuen Weiber von Weinsberg. Nach langer Belagerung hatte die Welfenburg 1140 in aussichtsloser Lage kapituliert. Stauferkönig Konrad III. gewährte den Frauen freien Abzug – und schenkte ihnen die Gunst, alles mitzunehmen, was sie auf den Schultern tragen konnten. So schleppten die Weinbergerinnen ihre Männer den Burgberg hinab. Der Name »Weibertreu« für die Burg kam allerdings erst Jahrhunderte später in Mode.

Links und rechts des Weges zeigen über 100 Rosensorten ihre Schönheit, und Informationstafeln erzählen dem Spaziergänger Wissenswertes über den Weinbau und die Kulturgeschichte der Rose. Auf ungefähr halber Strecke um den Burgberg zweigt eine rund drei Kilometer lange Extrarunde zum Schemelsberg mit weiteren Tafeln zum Weinbau ab.

Für Rosenfreunde ist Weinsberg ohnehin keine unbekannte Adresse. Am Stadteingang, in Richtung Heilbronn, kultiviert die Gärtnerei Weinsberger Rosenkulturen ein Meer dieser stacheligen Schönheiten. Um Schönheit ging es sicher auch im Weinberg. Denn Weinberge waren einst auch vielfältige Nutz- und Ziergärten und die Rose hatte dabei immer ihren Platz, vor allem an den Enden der Rebzeilen. Nicht zuletzt deshalb, weil sie, was allerdings nicht unumstritten ist, als Pilzanzeiger gilt. Denn bevor die Rebe von Mehltau befallen wurde, hatte ihn sich die empfindliche Rose schon eingefangen – und der Winzer konnte reagieren.

Rosenpracht am Wegrand

Hier ist Wein eine Staatsaffäre
Die Weinbauschule und das Staatsweingut in Weinsberg

Auch Goethes Reineke war ein schlauer Fuchs. »Laßt uns nach Schwaben entfliehn! Es findet süße Speise sich da und alles Guten die Fülle«, ließ ihn der Dichterfürst in dem gleichnamigen Epos sagen. Das war vor rund 225 Jahren, doch bis heute hat sich nicht viel daran geändert: Die Gastronomie hierzulande ist vielfach ausgezeichnet. Und: Der Wein ist, seit Immanuel August Ludwig Dornfeld 1868 in Weinsberg die Weinbauschule gründete, eine Staatsangelegenheit. Bis heute leistet sich das Land Baden-Württemberg zwei solcher Lehreinrichtungen: die Versuchs- und Forschungsanstalt für Weinbau und Weinbehandlung in Freiburg und die Staatliche Versuchs- und Lehranstalt für Wein- und Obstbau in Weinsberg. Beide Einrichtungen sind dem Landwirtschaftsministerium unterstellt und beiden ist ein staatliches Weingut angeschlossen. Das dritte Staatsweingut des Landes, als reiner Wirtschaftsbetrieb unter den Fittichen des Finanzministeriums, hat seinen Sitz in Meersburg am Bodensee.

Die Weinbauschule genießt noch heute einen guten Ruf. »Wir bilden vor allem sehr praxisorientiert aus«, sagt Dr. Dieter Blankenhorn, Leiter der Staatlichen Versuchs- und Lehranstalt in Weinsberg. Der Kern des Ausbildungsprogramms ist die Fachschule für staatlich geprüfte Techniker für Weinbau und Önologie, die eine Heerschar von Winzern und Kellermeistern durchlaufen haben. Und nicht nur aus dem Lande. Die angehenden Önologen kommen aus dem ganzen deutschsprachigen Raum, dazu reicht der gute Ruf der Schule bis nach Südafrika. Mit dem Istituto Agrario San Michele all'Adige, einem Pendant der Weinbauschule im italienischen Trentino, pflegen die Weinsberger Austauschprogramme. Und so mancher junge Winzer aus Italien hat im Neckartal und im Zabergäu sein Praktikum absolviert. Mehr auf den Anbau und weniger auf den Keller orientiert sind die beiden Ausbildungsgänge zum staatlich geprüften Wirtschafter für Wein- oder Obstbau.

Praktische Grundlagenforschung betreiben die Weinsberger beispielsweise in Sachen Alkohol-Management, um im Zeichen des Klimawandels überhöhte Alkoholgehalte im Wein in Schach zu halten. Nachdem kellertechnische Verfahren jedoch keine befriedigende Ergebnisse gebracht haben oder für das Gros der Weinwirtschaft schlicht zu teuer sind, konzentrieren sich die Forscher auf weinbauliche Aspekte. Das Ziel,

Über dem Burgberg thront die Weibertreu

Im Hof der Weinbauschule in Weinsberg

sagt Dr. Dieter Blankenhorn, sei es, die Rebe am Stock länger und langsamer reifen zu lassen und dabei den Alkoholgehalt des Weines am Ende um ein bis zwei Volumenprozent zu senken. Dies geschehe im Wesentlichen dadurch, dass mehr oder weniger kräftig ins Blattwerk der Rebe eingegriffen werde, um die Assimilationsleistung zu vermindern. Die einfache Rechnung: Weniger Zucker, weniger Alkohol. Doch nicht nur die Schere kommt in der Blattwand des Rebstocks zum Einsatz. Lösungen auf der Blattoberfläche können, nach dem Sonnencreme-Prinzip, ebenfalls den Stoffwechsel in der Pflanze drosseln. Die Lücke in der Entwicklung alkoholfreier Getränke haben die Weinsberger mit anderen Fruchtsäften geschlossen. Schließlich ist man nicht nur Versuchsanstalt für Wein-, sondern auch für Obstbau. Die erfrischenden Fruchtsaftmischungen auf der Basis von Apfel und Kirsch oder Apfel und Quitte haben im Angebot des Staatsweinguts ebenso ihre Stammkundschaft gefunden wie der Apfel-Secco mit mäßigem Alkoholgehalt.

Ein anderer, ganz praxisorientierter Forschungszweck ist der Einsatz von Drohnen in den terrassierten Steillagen. Dabei geht es vor allem darum, inwieweit die kleinen Fluggeräte mithilfe von Satelliten-Navigation und damit zielgenau für den Pflanzenschutz eingesetzt werden können, was auch den teuren und immer mit Sondergenehmigungen verbundenen Einsatz von Hubschraubern erübrigen würde.

Dies sind ganz praktische Forschungsgebiete für den Weinbau. Doch auch als Berater für die Politik sind die Mitarbeiter von Dr. Dieter Blankenhorn tätig. So wurde auf der Basis Weinsberger Versuche beispielsweise die Anreicherung des Mostes durch Wasserentzug ebenso zugelassen wie der Einsatz von Holzchips, um den Weinen eine Fassnote zu verleihen. Diese Holz-Experimente sollten vor allem auch deutschen Winzern das nötige Know-how an die Hand geben, um bei Bedarf der Konkurrenz aus Übersee, bei der die Techniken schon viel früher im Gebrauch waren, etwas entgegensetzen zu können.

Im renommierten Staatsweingut in Weinsberg kommen diese Erkenntnisse allerdings nicht zum Einsatz. Denn die Forscher haben schnell erkannt, dass damit die Qualität des Barrique-Ausbaus nicht erreicht wird. Die Reifung im Holzfass ist eben mehr, als nur Holz zum Wein zu geben. Die Zugabe von Chips bleibt nichts mehr als ein wenig Kosmetik für den Wein. Es ist das Wechselspiel mit dem Sauerstoff im vor allem kleinen Holzfass, das zur Basis für die Reife und das Aroma eines besonderen Weins gehört.

Bekannt sind die Weinsberger aber auch für ihre Neuzüchtungen, die teilweise schon längst den Weg in die Flaschen gefunden haben – und das sehr erfolgreich. Da ist der Dornfelder im Jahr 1984, der nach dem Gründungsvater der Weinbauschule Immanuel August Ludwig Dornfeld benannt wurde. In den 90er-Jahren kamen Acolon und die neuen Cabernet-Sorten, die einen internationaleren Charakter – sprich kräftig rot und tanninbetont – in die schwäbische Weinlandschaft bringen sollten. Nicht zu vergessen die wohl bekannteste Neuzüchtung, der Kerner, den August Herold bereits 1929 aus Trollinger und Riesling kreuzte. Auch wenn diese Rebsorte mit stark reduzierten Erträgen unter dem Profil Justinus K. seit einigen Jahren eine kleine Fangemeinde gewonnen hat, kommt dem Kerner heutzutage keine allzu große Bedeutung mehr im Staatsweingut zu. Landauf, landab wurde der Kerner oft als Massenwein ausgemostet, was seinen Ruf auf die Dauer nachhaltig ruinierte.

Auf 40 Hektar Rebfläche – an der Burg Wildeck in Abstatt, im Gundelsheimer Himmelreich und vor allem am Weinsberger Schemelsberg – baut das Staatsweingut im Wesentlichen Riesling, Lemberger und Burgundersorten an. Das Staatsweingut ist seit 1971 Mitglied im Verband der Prädikatsweingüter VDP und mit der Weinbauschule seit 1986 gewissermaßen der wissenschaftliche Arm der Hades-Gruppe, die sich dem Barrique-Ausbau verschrieben hat.

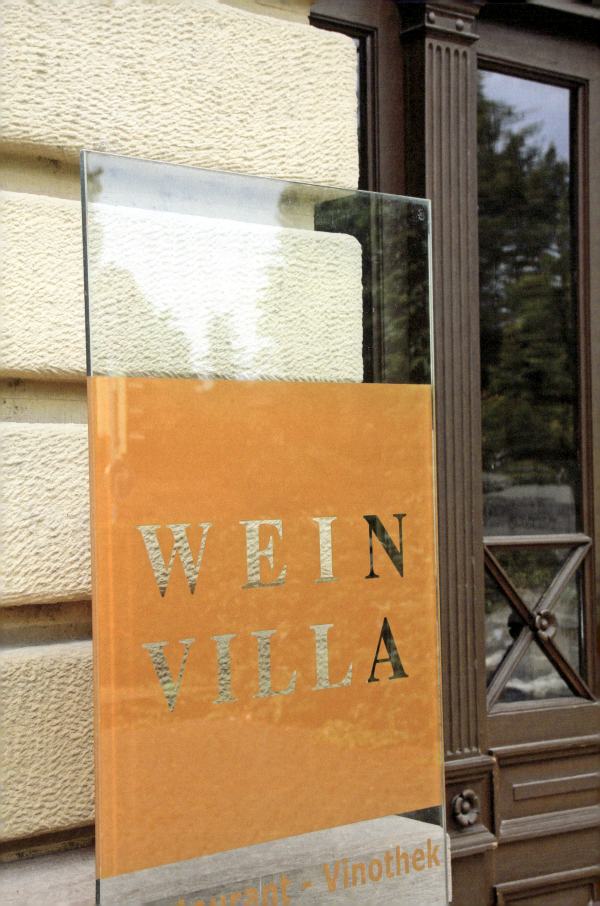

Genuss in großbürgerlichem Rahmen
Die Heilbronner Wein Villa

Das hätten sich der Zuckerfabrikant Andreas Faisst und seine Frau Henriette wohl auch nicht träumen lassen. Ihr großbürgerliches Anwesen in der Cäcilienstraße ist heute die Heilbronner Wein Villa. Auch das noch, zumal der Hausherr mit seinem Schwager August Cluss 1865 in der alten Reichsstadt die Brauerei Cluss gründete. Teilweise restaurierte Wandbemalungen oder drei Treppenhäuser – eines für die herrschaftliche Familie, eines für den Gärtner, der im Erdgeschoss wohnte, und eines für das restliche Personal – zeigen noch deutlich den Lebensstil, der gepflegt wurde. Ein Schmuckstück, das als eines der wenigen großbürgerlichen Anwesen Heilbronns den Bombenhagel des Zweiten Weltkriegs leidlich überstand.

Nachdem das Haus nach vielen Besitzerwechseln 1995 an die städtische Wohnungsbaugesellschaft *Heilbronner Stadtsiedlung* gelangte, wurde es zunächst aufwendig renoviert und restauriert. Doch das Ziel, Arztpraxen oder Anwaltskanzleien zum Einzug zu gewinnen, ließ sich nicht verwirklichen. Am Ende wurde, Bacchus sei Dank, die Heilbronner Weinwirtschaft angesprochen, das Haus in Pacht als Plattform für die geballte Weinkompetenz der Stadt zu nutzen. So sind heute 15 Weingüter und die Heilbronner Weingärtner Genossenschaft Gesellschafter des Hauses, in dem sie ein Restaurant und eine Vinothek im Erdgeschoss betreiben und Weinabende anbieten. Im repräsentablen Obergeschoss mit dem Musikzimmer von Henriette Faisst finden Veranstaltungen einen ansprechenden Rahmen.

In der Küche herrscht Jürgen Sawall, Spross einer Ur-Heilbronner Gastronomen-Familie. Er pflegt die schwäbische Küche, die er neu und leicht interpretiert. »Das Auge isst mit, aber der Geschmack ist wie bei meiner Oma und meiner Mutter.« Ebenso setzt der Koch mediterrane Akzente auf der Speisekarte. Die Vinothek umfasst im Grundstock ein Sortiment von über 220 Heilbronner Weinen. Das aktuelle Angebot von bis zu 25 Weinen wechselt alle fünf bis sechs Wochen. Besucher, die hier Wein kaufen, finden in der Vinothek ein breites Spektrum der Heilbronner Weinwirtschaft – zu Preisen vergleichbar mit denen in den Weingütern. Bier scheint ohnehin keine Alternative zu sein. Denn Cluss-Bier made in Heilbronn gibt es schon lange nicht mehr.

Wegweiser zum Genuss

11 »Die Privatherbste fallen sehr splendid aus«
Das Weinpanorama im Heilbronner Wartberg

Der Wartberg – Hausberg der Heilbronner, der früher einmal Nordberg hieß, als die Stadt sich noch nicht nach Norden ausgedehnt hatte. Einst stand auf der Höhe des Bergs eine Warte, von der ein Wächter die Reichsstädter vor nahenden Feinden warnen sollte. Das Alarmsignal war eine große Kugel, die an einem Fahnenmast hochgezogen wurde. Zu späteren Zeiten, als die alte Warte längst zu einem Turm ausgebaut war, diente das einstige Alarmzeichen wesentlich friedlicheren Zwecken. »Die Leute hatten gegen Mitte des 19. Jahrhunderts noch keine Uhren. Deshalb zeigte der Türmer mit seiner Kugel weithin sichtbar für die Wengerter an, wann das Vesper ausgepackt werden konnte und wann es Mittagszeit war«, erzählt Martin Heinrich, dessen Weingut in der Riedstraße am Fuße des Wartbergs liegt.

»Wer in Heilbronn zur High Society gehören wollte, musste einen Weinberg im Wartberg haben«, sagt Martin Heinrich. Rund 80 Prozent der Weinberge waren im Besitz wohlhabender Bürger, Kaufmanns- und Fabrikanten-Familien. Zur Mitte des 19. Jahrhunderts rauchten in Heilbronn mehr Fabrikschlote als anderswo im Königreich, weshalb die alte Reichsstadt den dann doch eher zweifelhaften Ehrentitel des »schwäbischen Liverpools« erhielt. Seit 1822 mahlten hier beispielsweise englische Maschinen am Neckar alte Lumpen, um Hadernpapier herzustellen, 1883 wurden die Salzwerke gegründet und ab 1898 verpackte Knorr eine Legende der einfachen und sparsamen Küche scheibchenweise in Stanniolpapier: die Erbswurst. Die Arbeiten in den herrschaftlichen Weinbergen verrichteten Tagelöhner und sogenannte »Bauwengerter«, die sich das Jahr über nach einem vereinbarten Akkordsatz um die notwendigen Tätigkeiten – vom Schneiden bis zum Anbinden, vom Hacken bis zum Spritzen – kümmerten.

Auch wenn der Wartberg heute viel von dieser Großbürgerlichkeit verloren hat, blitzt die alte Pracht vor allem an einem Beispiel noch hervor: am Wengerthäusle, besser an dem Weinberg-Palazzo im Gewann Obere Ried, unweit vom Weinsberger Sattel oder auch vom Ausgangspunkt des Heilbronner Weinpanoramas in der Riedstraße. Dieses Schmuckstück aus Sandstein und mit Rundbogenfenstern hat nichts mit den Unterständen und Arbeitshütten der einfachen Wengerter gemein. Hier wurden Kunden und Geschäftspartner zu sogenannten »Privatherbsten« eingeladen. »Herbst« bezeichnet

Mehr als Unterschlupf und Geräteschuppen: Patrizier-Häuschen im Wartberg

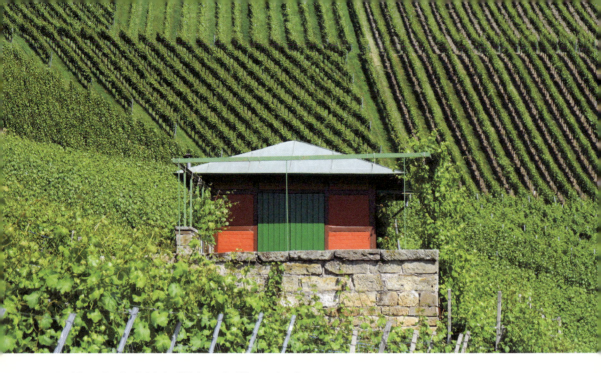

Basislager für die Arbeit im Weinberg: das Wengertshäusle

hierzulande nicht nur die Jahreszeit, sondern im Speziellen auch die Weinlese. Doch gearbeitet wurde auf den Privatherbsten wohl eher weniger. »Diese Privatherbste, sage ich, fallen sehr splendid aus, denn sie kosten den Gastgeber oft mehrere hundert Gulden; aber dafür war er auch als ein Ehrenmann berühmt und man lobt seine Gastfreundschaft auf viele Stunden hin und oft sogar in weiter Ferne, denn es schmuggeln sich oft Leute in einen solchen Herbst ein, die gar nicht geladen sind, blos weil sie von der Lustigkeit eines solchen Herbstabends gehört hatten und zu Hause auch sagen wollten, wie es in Heilbronn am Ende des Monats Oktober zugehe«, schreibt Carl Theodor Griesinger in *Humoristische Bilder aus Schwaben*, veröffentlicht auch in *Sämmtliche belletristische Schriften* von 1844.

Doch derlei Präsentationspodien im Weinberg, mit großem Gastraum, Kamin und Sonnenterrasse waren eher die Ausnahmen. Das gewöhnliche Häuschen im Weinberg, das Wengerthäusle, war und ist auch bis heute wesentlich einfacher gehalten. Die Urform, zusammengenagelte Verschläge mit Schrägdach oder in die Weinbergmauern mit kleinem Gewölbe eingelassene Nischen, diente den Wengertern und dem Wengertschütz als Unterschlupf bei Gewittern und auch als schattiges Plätzchen vor der brütenden Sonne. Apropos Wengertschütz: Er war ein Wächter, der meist von den Weingärtnern angestellt war, um mit Rätschen oder auch Schussapparaten die Vögel zu vertreiben – und auch darauf zu achten, dass niemand lange Finger an den Weinstöcken machte. Später wurden aus den Unterschlüpfen kleine Hütten, in denen die Weingärtner die eine oder andere Gerätschaft aufbewahrten. »Man darf nicht vergessen, die Leute waren damals noch nicht so mobil und die Weinberge lagen vor den Toren der Stadt. Alles, was man zur Arbeit brauchte, wurde mit der Käze hinaufgetragen«, erzählt Martin Heinrich. Die Käze, oder auch Kiepe, ist ein Korb, der auf dem Rücken getragen wurde. »Im Häusle war meist ein alter Blecheimer, der auf drei Steinen stand. In diesem Eimer wurde je nach Wetterlage ein Feuer zum Aufwärmen und Trocknen gemacht«, schreibt Martin Heinrichs Vater Adolf in seinen Lebenserinnerungen. An kalten Tagen wurde am Feuer ebenso der Most oder der Haustrunk für die Pause angewärmt oder auch Würste am Spieß über dem Feuer gebraten. Für Kühlung der Getränke sorgte zur warmen Jahreszeit eine kleine Grube, die mit Sandsteinplatten ausgekleidet und einem hölzernen Deckel verschlossen wurde. Einer der wichtigsten Zwecke des Wengerthäusles war jedoch das Wassersammeln. Regenwasser wurde vom Dach in eine Zisterne geleitet. Denn seit Echter und Falscher Mehltau in Württemberg Einzug gehalten hatten, waren die Wengerter genötigt, Pflanzenschutz zu betreiben. Dazu wurde das Wasser am Wengerthäusle gesammelt und zunächst zur Bordeauxbrühe, einem Fertigpräparat aus Kupfervitriol und Branntkalk, oder auch mit Schwefel angerührt. Viele Wengerthäusle liegen am Weg des Heilbronner Weinpanoramas – große und kleine, prächtige und einfachere. Auf rund 3,5 Kilometern zieht sich das Weinpanorama durch den Wartberg und bietet vor allem an der exponierten Lemppruhe einen grandiosen Blick ins Weinsberger Tal und darüber hinaus.

Den Weg, der zur Bundesgartenschau 2019 von der Heilbronner Marketing GmbH mit neuen Infotafeln ausgeschildert wurde, hat Adolf Heinrich 1990 maßgeblich aus der Taufe gehoben. Mittlerweile pflegt sein Sohn Martin, der das Familien-Weingut wiederum auch schon an seine Söhne Björn und Tobias übergeben hat, das Erbe und die Leidenschaft seines Vaters. Mehr oder weniger angefangen hatte alles in grauer Vorzeit, als der Württemberger Weinbauverband 1958 der Stadt Heilbronn eine Baumkelter schenkte. Erst 1987 begannen Adolf Heinrich und ein paar Mitstreiter mit der Renovierung der 13 Meter langen Kelter. Das rund 300 Jahre alte Eichentrumm steht noch heute neben dem Weingut GA Heinrich – die Initialen stehen übrigens für Adolf Heinrich und seinen Vater Gustav. Hier an der Baumkelter ist der Ausgangspunkt für das Weinpanorama am Wartberg.

Der Stille und die Diva
Junges Schwaben-Mitbegründer Hans Hengerer

Man könnte meinen, die Straße sei schon zu Ende. Doch erst nach der Unterführung erreicht man das Weingut Kistenmacher-Hengerer im Osten Heilbronns. So versteckt das Weingut, so ist auch Hans Hengerer keiner, der sich in den Vordergrund drängt – zumindest nicht von seiner Persönlichkeit her. Er ist eher einer der Stillen seines Fachs. Bei seinen Weinen ist das schon eine andere Sache. Diese sind kraftvoll, strukturreich und entwicklungsfähig und haben das Renommee des Winzers begründet, der 2013 in den Verband der Prädikatsweingüter VdP aufgenommen wurde. Ein Ritterschlag für jeden Winzer.

Weinbau hat in der Familie eine lange Tradition. Überhaupt gehört die Familie Kistenmacher, aus der die Mutter Hans Hengerers stammt, zu den ältesten Heilbronner Familien. Seit Mitte des 15.Jahrhunderts stellte die Familie Ratsmitglieder, Klosterpfleger, Bürgermeister oder auch Richter. Und: Die meisten Mitglieder der Familie waren über die Jahrhunderte hinweg im Weinbau tätig. Nicht minder alt die Familie Hengerer, die im Jahr 1418 zum ersten Mal erwähnt wurde. Angesichts dieser langen Tradition an Weinbau in der Familie war früh schon festgelegt: Der Hans, der macht das mal. »Ich war als Kind schon indoktriniert, deshalb hielt sich meine Rebellion in Grenzen. Denn für mich gab es nur ganz oder gar nicht«, sagt Hans Hengerer. Es wurde sehr schnell das »ganz«. 1995 übernahm er das Weingut seiner Eltern. Nicht zuletzt, weil er die schönen Seiten des Berufes erkannt hatte: »Es ist die Selbstständigkeit in Abhängigkeit von Natur und Witterung, und der Beruf bietet ein extrem weites Feld zwischen der Arbeit im Weinberg, im Keller und auch in der Vermarktung, die immer mehr an Bedeutung gewinnt.« Nicht zuletzt bietet die Möglichkeit, eigene alte Weine zu verkosten, stets die Gelegenheit, sich und seine Arbeit zu hinterfragen. Dies gerät bisweilen zur Gratwanderung zwischen Kopf und Bauch. Denn bei aller Reflexion: »Man muss stets den Abstand zwischen Beruf und Weinpassion wahren und nicht immer daran denken, wie ein Wein gemacht wurde – sonst verbaut man sich am Ende auch den Genuss«, sagt Hans Hengerer.

Der Winzer hat nicht nur ein Faible, sondern auch ein Händchen für Spätburgunder. In Heilbronn sind die Weinberge schon lange reinsortig mit Spätburgunder bestockt. Und doch ist die Rebsorte die Zicke und Diva gleichermaßen unter den

Hans Hengerer hat ein Händchen für Burgunder

Fünf Wengerter, fünf Freunde: Junges Schwaben

Rotweinen. Äußerst anspruchsvoll und mit dem Potenzial für außerordentliche Weine. »Spätburgunder ist eine tolle Rebsorte. Eine Vielfalt an Klonen sorgt für eine große Bandbreite in Deutschland«, sagt der Heilbronner Winzer. So geraten Typus und Charakter bisweilen recht unterschiedlich. Denn auch der Spätburgunder vermag, vielleicht ähnlich wie der Riesling, das Terroir seines Standortes besonders widerzuspiegeln. Was nicht immer ankommt. »Man bekommt von den Weinverkostern bisweilen etwas auf die Mütze, wenn ein Wein seinen eigenen Charakter hat. Aber im gleichen Moment fordert man Regionalität bei den Weinen.« Hans Hengerer schüttelt ein wenig den Kopf, lässt sich aber ansonsten nicht beirren. Wichtig für ihn ist, dass seine Weine Charakter haben. Sein Spätburgunder gerät auf den Gipskeuperböden mit ihren tonigen Gesteinen nicht dick und fett, sondern vielmehr elegant mit einer gewissen Finesse. Kalkige Böden und kühlere Klimaten fördern bei dieser Rebsorte die Aromen – langsam, aber sicher. »Langlebigkeit gepaart mit Eleganz, das haben nur relativ wenige Rebsorten zu bieten.«

Auch andere Burgundersorten haben es dem Heilbronner angetan. Clevner zum Beispiel, der schon im 16. Jahrhundert im Neckartal weit verbreitet und generell als Qualitätssorte angesehen war. Clevner wird zwar noch immer oft als Frühburgunder bezeichnet, ist aber ein Klon des Spätburgunders und wegen seines aufrechten Wuchses dem Pinot Droit ähnlich. Der Name soll sich von Chiavenna, zu Deutsch Cleven – einst die südlichste Stadt des Herzogtums Schwaben – ableiten. Wobei hier weniger die Rebsorte, sondern vielmehr der Handelsname als Qualitätsbegriff Namenspate war. Doch die Mutation des Spätburgunders hat es nach Sünden der Vergangenheit nicht einfach. »Er hat einen Stempel auf der Stirn und muss das Doppelte an Güte bringen, um die Leute zu überzeugen«, ärgert sich Hans Hengerer.

Nicht viel anders ist es dem Samtrot ergangen, einer Mutation des Schwarzrieslings. »Es ist extrem schade, aber auch der Samtrot ist schon an die Wand gefahren worden«, so der Heilbronner Winzer. Dabei sei gerade auch der Samtrot eine interessante Varietät, die »wunderschöne Weine« ergeben könnte. Grund genug für Hans Hengerer, diese Spezialitäten zu pflegen und zu charaktervollen Weinen auszubauen.

Die Flaggschiffe im Keller des VDP-Winzers sind jedoch seine Spätburgunder: das Große Gewächs und nicht zuletzt sein *Junges Schwaben*-Wein. Hans Hengerer ist Gründungsmitglied der gleichnamigen Winzergruppe. Aus der Not heraus geboren, einen Stand bei der ProWein-Messe in Düsseldorf zu finanzieren, hatten sich Hans Hengerer, Rainer Wachtstetter, Jochen Beurer, Sven Ellwanger und Jürgen Zipf mehr oder weniger zufällig zusammengefunden. Das war im Jahr 2001. Mit Bedacht hatten sie sich nicht »Junge Schwaben« genannt. Denn auch ein Wengerter wird mal älter. Doch die Lust, außerordentliche Weine zu machen, frischen Wind in die schwäbische Weinlandschaft zu bringen, ist ungebrochen. »Wir wollten Wein erzeugen wie unsere Großväter – nur mit anderen Mitteln«, sagte einst Jochen Beurer. Doch diese anderen Mittel fallen nicht in die Kategorie »kellertechnische Tricks«, sondern sind akribische, handwerkliche Arbeit, die Qualität im Weinberg und im Keller zu verbessern und langlebige Weine zu erzeugen. So wurden aus fünf Kollegen fünf Freunde und eine Interessengemeinschaft in Sachen Weinqualität – gegenseitige Kontrolle inbegriffen.

Auch wenn in den letzten Jahren gemeinsame Urlaube oder auch Exkursionen nicht mehr so häufig in den Kalendern standen, blieb in all den Jahren das Ziel stets dasselbe: Handwerklich zu arbeiten und schonend mit den Ressourcen umzugehen. Denn Qualität entsteht im Weinberg. Hans Hengerer: »Wir haben unsere Weinberge nur geliehen. Wir haben sie in einem brauchbaren Zustand erhalten und sollten sie zumindest in besserem Zustand wieder weitergeben.« Die nächste Generation steht schon in den Startlöchern.

Kleine Parzellen für große Weine
Der Heilbronner Markus Drautz und der VDP Württemberg

Der Scheurenberg, die mit Reben bestockte Sonnenbank von Neckarsulm, ist der Lieblingsort von Markus Drautz. »Aber das darf man als Heilbronner eigentlich nicht sagen.« Er lächelt. Der sonnenverwöhnte Hang mit dem Wengertshäuschen, an dem schon sein Vater und sein Großvater gebaut hatten, ist eine Art Kraftort für Seele und Wein. Der Blick ins Neckartal und auf den Wartberg ist das eine. Das andere ist das Terroir. »Die Lage im Scheurenberg ist die heißeste, die wir haben. Aber wegen des Windes, der hier immer um die Ecke streicht, ist es dennoch angenehm«, sagt Markus Drautz. Auf dem Gipskeuperboden des Berges wächst unter anderem der Lemberger Großes Gewächs, eines der Flaggschiffe des Weinguts – aber auch, an der etwas kühleren Flanke, der erklärte Liebling des Winzers: Sauvignon Blanc.

Die Begeisterung für die Rebsorte liegt in der Familie. 1987, bei einer Studienreise nach Südtirol, lernten Markus Drautz' Eltern, Mutter Monika und der viel zu früh verstorbene Vater Richard, den aromatischen Weißen aus dem Holzfass besonders schätzen. Einen solchen Wein wollten die beiden auch machen. Doch keine deutsche Rebschule hatte diese Rebsorte im Angebot. Also setzte sich Richard Drautz ins Auto und fuhr erneut nach Südtirol, um sich mit Sauvignon Blanc-Setzlingen einzudecken. Die Einfuhr nach Deutschland war dann auch eher inoffizieller Natur. Aber dies ist lange her. Längst sind viele Württemberger Weinberge mit dem aromatischen Weißen bestockt, der in den frühen 2000er-Jahren schwer in Mode gekommen ist. Doch die rund sechs Ar, die Richard und Monika Drautz vor über 30 Jahren im Heilbronner Gewann Fischmarkt gepflanzt hatten, stehen noch heute im Ertrag und bilden damit den ältesten Sauvignon Blanc-Weinberg Württembergs. Dabei wurde die Rebsorte schon früher als Muskat-Silvaner im Ländle angepflanzt. Jedoch passte der bukettreiche mit der französischen Herkunft während der NS-Zeit nicht ins arische Weinbild – der Anbau wurde verboten.

Heute bewirtschaftet das Weingut rund 1,7 Hektar mit dieser Rebsorte, die damit die meist angebaute Rebsorte des Hauses Drautz-Able ist. Die besten Qualitäten des Weins landen, zunächst im kleinen Holzfass gereift, in der Flasche mit dem Label der Hades-Gruppe. Monika und Richard Drautz waren Gründungsmitglieder dieses klei-

Weinbautradition seit 1496: Markus Drautz, Stéphanie de Longueville-Drautz und Monika Drautz

Die Heilbronner Parade-Lage: der Wartberg

nen Kreises von Barrique-Pionieren in Württemberg. Zwar darf der Lieblingswein von Markus Drautz den Traubenadler, das Signet des Verbands der Prädikatsweingüter (VDP), auf dem Flaschenhals tragen. Doch ein sogenanntes Großes Gewächs, wie die Flaggschiffe der VDP-Weingüter genannt werden, kann der Sauvignon Blanc nach der Nomenklatur der vom Verband vorgegebenen Rebsorten nicht werden.

Im Jahr 2015 hatte Markus Drautz von Gert Aldinger den Vorsitz der Gemeinschaft von Spitzenweingütern übernommen. Der VDP-Regionalverband Württemberg wurde 1975 nach dem Vorbild der Kollegen von Rhein, Mosel, Saar und Ruwer von Raban Graf Adelmann gegründet. Der Herr von Burg Schaubeck war ebenfalls Vorsitzender der Arbeitsgemeinschaft der Weingüter in Württemberg und Baden, die als Vorläuferin des VDP im Ländle gilt. War der VDP Württemberg zunächst eher eine Veranstaltung von adligen Herren, öffneten sie sich und ihre Gemeinschaft spätestens in den 90er-Jahren des vorigen Jahrhunderts, als Bürgerliche wie Gert Aldinger, Ernst Dautel, Richard Drautz, Jürgen Ellwanger und nicht zuletzt auch Hans Haidle im württembergischen Weinbau neue Maßstäbe setzten. Deshalb sprach die Weinkritik auch gerne vom württembergischen Weinwunder. Doch diese Entwicklung wurde weniger durch wundersame Ereignisse zwischen Himmel und Erde angestoßen als vielmehr durch konsequentes Qualitätsstreben im Weinberg und im Keller, um den Wein als hochwertiges und unverfälschtes Naturprodukt an- und auszubauen.

So schließt das Selbstverständnis der VDP-Winzer von vornherein verschiedene Produktionsmethoden und -helfer aus: genveränderte Reben, Holzchips, um den Abglanz des Holzfasses in den Wein zu bringen, den Einsatz von Zucker oder auch hochgezüchtete Aromahefen, die es erlauben, Wein in verschiedenste Geschmacksrichtungen zu trimmen. Dafür arbeiten viele VDP-Betriebe – mal mit, mal ohne Zertifikat – biologisch. Und: Sie stehen für eine konsequente Ertragsbeschränkung. Im Wissen darum, dass zu viel Quantität im Weinberg der Qualität in der Flasche schadet, liegen die Ertragsmengen bei den Guts- und Ortsweinen, also an der Basis der Qualitätspyramide des Verbands, bei sportlichen 75 Litern pro Ar – maximal, wohlgemerkt. An der Spitze, bei den Großen Lagen, ist der Maximalertrag mit 50 Litern pro Ar begrenzt, wobei die Erntemengen in der Regel weit darunterliegen. All dies wird verbandsintern regelmäßig kontrolliert. Nicht zuletzt, um nicht am Image und der Güte der Großen Gewächse zu kratzen.

Gerade bei den Großen Gewächsen kommt ein besonderer Aspekt der Qualitätsphilosophie des Verbands zum Tragen: das Terroir. Terroir ist, vereinfacht gesagt, der Boden, die Lage und die Hand, die das Ganze bearbeitet. So sind die Großen Lagen, auf der die Großen Gewächse reifen, aus Erfahrung hochwertige Weinberge, die parzellengenau definiert sind. Und nicht nur die Parzellen sind für die Großen Gewächse vorgegeben, auch die Rebsorten, die darauf wachsen. In Württemberg sind dies Riesling, Weißer Burgunder, Grauer Burgunder, Spätburgunder und Lemberger. Dies ist der Parallelentwurf des VDP zu den Cru-Lagen ihrer Kollegen im Ausland. »In Deutschland ist die Herkunft, wenn es um Traubenqualität geht, zweitrangig«, sagt Markus Drautz. Das war nicht immer so. »Vor rund 20 Jahren wurden noch über 50 Prozent des Weins mit Lagenbezeichnungen verkauft. Heute sind es unter 15 Prozent.« Nicht so bei den Winzern mit dem Traubenadler: Je enger die Herkunft ihrer Weine gezogen ist, desto höherwertiger werden die Weine.

Ein Konzept, das sich bewährt hat. Denn jeder der derzeit 18 VDP-Betriebe in Württemberg steht wirtschaftlich mit beiden Beinen auf dem Boden. Markus Drautz: »Angesichts relativ hoher Durchschnittspreise spricht dies dafür, dass wir uns durchsetzen konnten.«

Eine Fusion der Liebe
Das Weingut Albrecht-Kiessling in Heilbronn

Dort, wo sich der Wartberg im Nordosten von Heilbronn in einer tiefen Bucht in Richtung Weinsberger Sattel zieht, liegt am Hangfuß, von dem aus sich die ersten Rebzeilen den Berg hinaufziehen, das Weingut Albrecht-Kiessling. Albrecht und Kiessling, zwei uralte Heilbronner Wengerter-Familien, deren Weinbautradition zum Teil bis ins späte Mittelalter zurückreicht. Das Weingut heute ist eine Fusion der Liebe: Er ein Albrecht, sie eine geborene Kiessling – seit 1990 führen Peter und Annette Albrecht das Weingut. »Wir hatten das Glück, dass die Chemie zwischen unseren beiden Familien stimmte«, sagt Peter Albrecht. Und die Chemie scheint heute noch zu stimmen, denn mittlerweile sind drei Generationen mal mehr, mal weniger auf dem Weingut tätig. Zwei der drei Töchter von Annette und Peter Albrecht sind in die Fußstapfen ihrer Vorfahren getreten: Viola, 2017 württembergische Weinprinzessin, hat in Geisenheim Weinbau und Önologie studiert, ihre jüngere Schwester Luisa ist auf demselben Weg.

Peter und Annette Albrecht bewirtschaften 17 Hektar in den Heilbronner Lagen Wartberg, Stiftsberg und Stahlbühl. Seit 2017 legt das Weingut auch ein größeres Gewicht auf die Sektherstellung in traditioneller Flaschengärung. Früher hatte Peter Albrecht die Rüttelpulte im hintersten Winkel seiner Betriebshalle versteckt. Heute präsentiert er sich im neuen, modernen Anbau des Weinguts.

Doch Peter Albrecht ist nicht nur Winzer, er ist auch Funktionär. Genauer: Vorsitzender des Vereins Württemberger Weingüter. »Früher war Württemberg fast ausschließlich Genossenschaftsland, Weingüter waren eher die Exoten«, sagt er. Um den selbstvermarktenden Weingütern eine Stimme zu geben, rief der Fellbacher Gerhard Aldinger Mitstreiter zusammen, um die Vereinigung zu gründen. »Seitdem hat sich viel geändert«, sagt Peter Albrecht. Zwei Sitze im Vorstand des Weinbauverbands Württemberg sichern den Privat-Weingütern ein Mitspracherecht. Und Peter Albrecht ist Vizepräsident – ein Umstand, der vor 20 Jahren wohl noch nicht denkbar gewesen wäre. »Heute geht es doch darum, gemeinsam das Projekt Württemberg nach vorn zu bringen. Denn die Konkurrenz sitzt nicht vor der Haustür, sondern im Ausland – vor allem auch in Übersee.«

Lesepause im Weinberg beim Weingut Albrecht-Kiessling

Der Wein und sein Schatzkeller
Die Genossenschaftskellerei Heilbronn

Bei einer Meereshöhe von 2.320 Metern muss ein Wein schon etwas mitbringen, damit er Eindruck hinterlässt. Denn mit schwindendem Druck in der Höhe lässt auch das Aromaempfinden der menschlichen Zunge recht schnell nach. Vor allem die Eindrücke von Salz und Zucker bleiben dabei tendenziell auf der Strecke – gerade auch dann, wenn sie im Wein stecken. Die Frucht und die Säure sind von diesen Höhenerscheinungen der gustatorischen Wahrnehmung eher weniger betroffen. Doch der granatrote Samtrot im Glas hat dem Druckverlust offenbar etwas entgegenzusetzen. Fredi Immler, langjähriger Hüttenwirt auf der Heilbronner Hütte im Verwall, wo das Vorarlberger Montafon ins Tirolische übergeht, hat während seiner aktiven Zeit einen ordentlichen Weinkeller auf der Hütte aufgebaut. Klar, wenn das Haus der Sektion Heilbronn gehört. »Die haben mir erst einmal beigebracht, wie man Wein trinkt«, erinnert sich der Unruheständler aus Gaschurn, der heute noch seiner Tochter Olivia, der neuen Hüttenwirtin, mit Rat und Tat zur Seite steht.

Heilbronner Wein im Gebirge – der Samtrot ist gleich in doppelter Hinsicht ein Heilbronner: Einerseits weil auf dem Etikett »Genossenschaftskellerei Heilbronn-Erlenbach-Weinsberg« steht, und zum anderen, weil die Rebsorte von dem Heilbronner Wengerter Hermann Schneider 1928 als eine Mutation von Schwarzriesling selektiert wurde.

Die Heilbronner Genossenschaftskellerei ist weithin bekannt durch ihre Weine, schließlich ist sie, Stand 2018, die größte Genossenschaft der Republik. Doch es blüht an der Binswanger Straße auch eine Sparte der Genossen, die eher im Schatten des Weinverkaufs liegt: die Rebschule. Seit über 90 Jahren kümmern sich Genossen und Genossenschaft um den Erhalt von Rebsorten, was Wuchseigenschaften und Charakter betrifft. »Die Selektion liegt in der Hand der Winzer, die ihre Reben während der Vegetation beobachten«, sagt Karl Seiter, Geschäftsführer der Heilbronner Genossenschaftskellerei. Die Guten ins Töpfchen, die weniger guten Reiser schneidet man erst gar nicht zur Selektion. Die Rebschule, die einst mehr oder weniger mitten in der Stadt untergebracht war, hat heute ihren Sitz an der runderneuerten Kellerei der Genossenschaft. Hier werden die selektierten Reiser auf amerikanische Unterlagsreben gepfropft. Für diese Unterlagen, bei denen die Reblaus dankend abwinkt, unterhält die Genossenschaftskellerei hier auch einen rund 1,5 Hektar

Der Wein passt – Vorstandsvorsitzender Justin Kircher

Kleine Kisten schonen die besten Trauben bei der Lese

großen Muttergarten, in dem verschiedene Unterlagsreiser gezogen werden: spezialisiert auf unterschiedliche Bodentypen, unterschiedlich in der Wüchsigkeit. Keine andere Genossenschaft Deutschlands leistet sich eine solche Kinderstation für die Weinberge. Die Kunden sind einerseits die rund 1.340 Wengerter der Genossenschaft, andere Kooperativen oder auch Weingüter und Hobbywinzer. Andererseits leisten die Heilbronner Genossen auch die Rebschularbeit für die Staatliche Lehr- und Versuchsanstalt für Wein- und Obstbau in Weinsberg und deren Kreuzungen.

Die Rebschule ist der jüngste Baustein der Genossenschaftskellerei, die Anfang der 70er-Jahre in das weinträchtige Dreieck zwischen Heilbronn, Erlenbach und Weinsberg gebaut wurde. Fast 10 Millionen Euro investierten die Genossen am Ende einer Fusionswelle bis 2015 in ein Hochregallager, andere Lagerkapazitäten und nicht zuletzt in den neuen Weinverkauf, der das Versprechen »Wein-Schatzkeller« über dem Eingang stehen hat.

In einer Schenkungsurkunde des Klosters Lorsch aus dem Jahre 776 wurden Heilbronn und seine Weinberge erwähnt. Dies ergibt eine Weinbautradition über 1.250 Jahre hinweg. Somit gilt Heilbronn als älteste Weinbaugemeinde in Württemberg. 2018 waren es 130 Jahre her, dass sich die hiesigen Wengerter zur »Weingärtnergesellschaft« zusammengefunden haben. »Das waren alles Selbstvermarkter. Sie haben die Genossenschaft gegründet, um ihre Überschüsse gemeinsam zu verwerten und entsprechend stabile Preise zu erzielen«, sagt Karl Seiter. 1972 griff das Gemeinsam-sind-wir-stärker-Prinzip erneut, als die Heilbronner Genossen mit denen aus Erlenbach und Weinsberg fusionierten. 773 Hektar betrug damals die gemeinsame Rebfläche. 2007 kam mit der Weingärtnergenossenschaft Neckarsulm-Gundelsheim nach vielen Anläufen die älteste Genossenschaft Württembergs, gegründet 1855, ebenfalls unters Heilbronner Dach. Nachdem in den 2010er-Jahren weitere Fusionen folgten – Flein-Talheim, Lehrensteinsfeld, Unterheinriet, Unteres Jagsttal und Grantschen –, war die Genossenschaft mit 1.430 Hektar Rebfläche die größte des Landes.

Doch Karl Seiter geht es nicht um Superlative – schon gar nicht bei den Fusionen und der Aufnahme neuer Wengerter in die Genossenschaft. Es ist vielmehr der Grundgedanke der Marktstabilisierung, der schon am Anfang aller Genossenschaftsideen stand. »Jeder, der möchte, muss in die Genossenschaft kommen können. Nur so können wir den offenen Wein vom Markt nehmen. Und die Zahl der Weingüter nimmt schneller ab, als wir aufnehmen können«, sagt der Geschäftsführer. Offener Wein, das ist das große Fass an Weinen, die mangels Potenzial und Marktstrategie nicht angemessen vertrieben werden können und irgendwann verschleudert werden. Schlecht für das Geschäft aller Weinerzeuger.

Neben dem Neubau des Wein-Schatzkellers gab es auch noch weitere Bemühungen, das touristische Potenzial der Region und ihres Weins auszubauen und zu fördern. Dafür erhielten die Heilbronner Genossen prompt im Jahr darauf den Weintourismuspreis, der jährlich von der Tourismus Marketing GmbH Baden-Württemberg gemeinsam mit dem Badischen Weinbauverband und dem Weinbauverband Württemberg vergeben wird. So wurden unter anderem an der Kellerei sechs Wohnmobilstellplätze eingerichtet mit allen notwendigen Versorgungseinrichtungen – auch die Entsorgung ist geregelt. »Diese Art des Reisens nimmt zu und die Plätze werden immer mehr nachgefragt«, sagt Karl Seiter. Am größten dürfte die Nachfrage beispielsweise im Anschluss an ausgedehnte Weinproben oder nach dem Sommerfest sein, weil am Ende nicht der Heimweg, sondern das Wohnmobil um die Ecke wartet. Außengastronomie oder auch ein elegantes, modernes Wengerthäusle zum Weingenuss sind weitere Beispiele, der Kundschaft die Genossenschaft als Ausflugsziel schmackhaft zu machen. Und das nicht nur an Wochentagen. Sonntags hat der Weinverkauf ganze sechs Stunden lang von 11 bis 17 Uhr geöffnet. Ein Angebot, das nicht gerade alltäglich ist im Weinland Württemberg, wo die Ausflügler ansonsten spätestens ab Samstagnachmittag meist vor verschlossenen Türen stehen.

Hier geht man und hier steht man
Das Heilbronner Weindorf

Sitzen ist natürlich erlaubt, aber eigentlich unüblich, wenn man sich nicht gerade etwas Habhaftes schmecken lässt. Denn beim Heilbronner Weindorf steht man und geht man im großen Karree um das schöne Rathaus herum. »Das ist nicht wie in Stuttgart, wo alles sitzt. Hier kann man einen Spaziergang durch die Weinregion machen. Rund Zweidrittel des Anbaugebiets, gemessen an der Hektarfläche, sind hier vertreten – von Hohenlohe bis ins Zabergäu. Wie eine Weinmesse unter freiem Himmel«, sagt Kilian Krauth, Redakteur der Heilbronner Stimme und nicht nur von Berufs wegen ein intimer Kenner der Württemberger Weinszene.

Seit 1971 bauen die Heilbronner Wengerter und ihre Kollegen aus der Nachbarschaft die Weindorf-Buden und Pergolen auf. Zuvor haben die alten Reichsstädter den Heilbronner Herbst auf der Theresienwiese gefeiert. Zum Auftakt zog man im Festzug und mit der Kalebstraube – ein schweres Gebinde aus vielen Trauben, das wie das biblische Vorbild von zwei Männern getragen werden musste – die Kaiserstraße hinunter zum Festplatz. Doch der Heilbronner Herbst war mit seinen Bierbänken und Weinkrügen im Festzelt zum Ende der 60er-Jahre nicht mehr zeitgemäß. So wurde das Weindorf geboren, das neben Freiburg, Breisach und auch Stuttgart zu den Klassikern der Weinfeste im Ländle zählt. »Am Anfang war es noch ziemlich überschaubar«, erinnert sich der Heilbronner Wengerter Martin Heinrich. Mittlerweile strömen während der zehn Tage im September rund 250.000 Weindorf-Besucher ans Rathauskarree.

Dort werden an rund 20 Weinständen über 350 Weine, Sekte und Seccos ausgeschenkt. Und auch hier gibt es einen Unterschied zum Stuttgarter Weindorf: Während die Weinlauben in der Landeshauptstadt zum großen Teil von Gastronomen betrieben werden, stehen in Heilbronn die Erzeuger und ihre Angestellten hinter dem Tresen. Zwischen den Weinständen verteilt gibt es gastronomische Angebote, die von der Heilbronner Marketing GmbH, der Veranstalterin, kritisch geprüft werden. »Wir sind kein Rote-Wurst-Fest«, sagt Geschäftsführer Steffen Schoch. Und bei Kalbsbäckchen, Kutteln, Raclette oder auch Burger-Kreationen darf man freilich auch sitzen.

Weinseligkeit rund ums Rathaus beim Heilbronner Weindorf

Erst einmal riechen
Schokolade und Wein – Schell Schokoladen in Gundelsheim

Wenn sich Pralinen mit Weinessigen verkaufen lassen, müsste das mit Wein noch viel interessanter sein, dachte sich 1995 der Gundelsheimer Bäcker- und Konditormeister Eberhard Schell. Zuvor hatte er für die Weingärtner-Genossenschaft Gundelsheim-Neckarsulm fünf Pralinen mit Edelessigen gefüllt komponiert. Das Echo war überwältigend und Eberhard Schell ließ sich seine *Essigschleckerle* patentieren. Schokolade und Essig – diese Kombination gab es bis dato noch nicht. Nun also mit Wein. Dr. Günter Bäder, der damalige Leiter der Staatlichen Versuchs- und Lehranstalt für Wein- und Obstbau in Weinsberg, war es, der den Konditormeister mit edlen Tropfen aus dem Staatsweingut für weitere Pralinen-Experimente unterstützte.

»Mir war klar, mit Nullachtfünfzehn-Schokolade geht das nicht«, sagt Eberhard Schell – und ist bei einem seiner Lieblingsthemen gelandet: Qualität. »Die Qualität der Schokoladen hat sich in den letzten 40 Jahren drastisch verändert – sie ist schlechter geworden.« Wie der Wein sei auch die Schokolade zur Massenware verkommen. Während in den 50er- und 60er-Jahren die Schokoladen weltweit noch zu über 50 Prozent aus Aroma-Kakao bestanden, seien es heute nicht einmal mehr 20 Prozent. Billiger Industrie-Kakao trat an die Stelle von Qualitätsprodukten.

Eberhard Schell definiert Qualität nicht über Prozentangaben der Kakaoanteile, sondern über die Herkunft und die Kakaosorten. Und: Gut Ding will Weile haben. »Guter Kakao braucht Zeit zur Fermentation. Denn die Fermentation des Fruchtfleisches prägt auch den Geschmack des Kerns, aus dem der Kakao gewonnen wird«, sagt er. Welch Parallele zum Wein.

So lag es für den Gundelsheimer nicht nur auf der Hand, sondern noch mehr auf der Zunge, Schokolade als Weinbegleiter zu entwickeln. »Ich wollte Schokoladen herstellen, die mit Weinen harmonieren«, erzählt er. Dazu hatte er sich nicht nur unterschiedliche Aroma-Kakaos aus aller Welt besorgt, sondern auch die Hilfe von Sommeliers. »Die kennen sich mit Gewürzen aus«, sagt Eberhard Schell. Denn Gewürze können nicht nur eine Brücke zum Wein schlagen, sondern auch den Geschmack des Kakaos unterstreichen. Und nicht zuletzt auch sein Aroma. So gilt beim Schokoladengenuss wie beim Wein: Erst einmal riechen.

Schokoladentrüffel verfeinert mit edlen Tropfen aus dem Weinberg

Hier liegen Geweihe im Keller
Kein Geheimtipp mehr – Privatkellerei Hirsch in Leingarten

Ob Angela Merkel den Wein selbst getrunken hat – man weiß es nicht. Jedenfalls hatte ihr Christian Hirsch ein paar Fläschchen zukommen lassen, als er nach Berlin durfte, um als bester Nachwuchs-Weinküfer der Republik von der Kanzlerin ausgezeichnet zu werden. Aufgewachsen in der elterlichen Kellerei in Leingarten bei Heilbronn, gab es für Christian Hirsch kein anderes Ziel, als Winzer zu werden. Daran arbeitete er sehr zielstrebig. Noch bevor sein Studium in Geisenheim begann, bekam er von seinem Vater Arthur im Leingartener Grafenberg einen Weinberg bestockt mit Chardonnay, Grau- und Weißburgunder. »Du darfst Verantwortung übernehmen.«

2006, parallel zum Studium in Geisenheim, fuhr er seinen ersten Jahrgang ein. Einen schwierigen obendrein. Er baute die Weine nach seinen Vorstellungen aus. Auf dem Etikett steht bis heute »Edition Junior«, auch wenn er längst dem Junioren-Status entwachsen ist. Eine erfolgreiche Marke wechselt man nicht. Schon gar nicht, weil der Weißburgunder zum Lieblingswein von Christian Hirschs Ehefrau Juliane, einer ehemaligen Württemberger Weinkönigin, avancierte.

Reduziert im Ertrag und kühl gelesen, darf der Weißburgunder noch ein paar Stunden auf der Maische stehen, bevor er in den Stahltank kommt und bis zur Abfüllung auf der Hefe liegt. All dies bringt Eleganz, Schmelz und Farbe. Weißburgunder gewinnt in Württemberg an Bedeutung. »Er ist bekömmlicher als Riesling, weil er weniger Säure hat. Mit seiner dezenten Aromatik ist er eben auch universeller zum Essen.«

Dass Christian Hirsch auch ein Händchen für Rotweine hat, darf man am Deutschen Rotweinpreis, den er 2012 mit seinem Vater gewann, ablesen. Ein Geheimtipp sind er und seine Weine also längst nicht mehr. Fass an Fass reiht sich entlang des Gewölbes. Vor rund 150 Jahren als Eiskeller einer Brauerei gebaut, kann es Weinfreunden hier warm ums Herz werden: Hier reifen die besten Tröpfchen aus Christian Hirschs Kollektion – vor allem die Großen Geweihe, wie der Winzer seine Premiumlinie augenzwinkernd nennt. Die Weine reifen 18 bis 36 Monate in Barriques und Tonneaus aus schwäbischer Eiche. Doch bei aller Liebe zum Holz: »Jeder Wein muss seinen Trinkfluss haben. Wenn man dazu Messer und Gabel braucht, stimmt etwas nicht«, sagt er.

Christian Hirsch in seiner Schatzkammer

Dreieinhalb Flaschen für eine Rede
Brackenheim – Heuss-Stadt und größte Rotweingemeinde

Württemberg ist das Rotweinland unter den deutschen Anbaugebieten – und Brackenheim ist sein Zentrum. Mit seinen Teilorten Botenheim, Dürrenzimmern, Haberschlacht, Hausen an der Zaber, Meimsheim, Neipperg und Stockheim und einer Rebfläche von 825 Hektar gilt Brackenheim als größte Weinbaugemeinde Württembergs und als größte Rotweingemeinde Deutschlands. Es liegt auf der Hand, dass dies hierzulande nicht alles unter einen Hut geht. So gibt es innerhalb der Markungsfläche Brackenheims noch immer drei Genossenschaften, mehr oder weniger. Denn die Genossen des Jupiter-Weinkellers Hausen an der Zaber eG haben sich 2011 unter das Dach der Privatkellerei Rolf Willy, eine der renommiertesten des Landes, begeben und firmieren als GmbH. Die Weingärtner Brackenheim schlossen sich 2012 mit der Strombergkellerei zur Weingärtner Stromberg-Zabergäu eG zusammen und die Weingärtner-Genossenschaft Stockheim-Dürrenzimmern ist seit 2015 unter dem Namen »Weinkonvent« unterwegs. Doch zwei Beispiele zeigen, dass schwäbisches Kirchturmdenken durchaus auch von Erfolg gekrönt sein kann: Die Weingärtner Stromberg-Zabergäu landeten beim Deutschen Rotweinpreis 2018 auf einem zweiten Platz und der Weinkonvent wurde 2017 für die beste Barrique-Kollektion der Republik ausgezeichnet – die Weinreifung im kleinen Holzfass ist ein spezielles Steckenpferd von Kellermeister Kurt Freudenthaler.

Wenn sich Brackenheim als die größte Rotweingemeinde bezeichnet, heißt dies vor allem: Lemberger. Der kräftige Rote, der in Österreich Blaufränkisch heißt, ist bei entsprechender Behandlung bestens dazu geeignet, auch international zu renommieren. Schon der große Sohn der Stadt Theodor Heuss hatte den Lemberger in seiner Zeit als Bundespräsident auf dem internationalen politischen Parkett hoffähig gemacht. Ihm zu Ehren haben die Brackenheimer ein schmuckes Museum eingerichtet, um an Heuss' Leben und Wirken zu erinnern. Im kollektiven Gedächtnis bleibt Theodor Heuss aber auch als großer Weinfreund. »Im Allgemeinen brauche ich für eine Rede eine Flasche Wein lang. Für diese Rede habe ich dreieinhalb Flaschen Wein lang gebraucht«, soll er einst gesagt haben (aus: *Heuss-Anekdoten*, Hanna Frielinghaus-Heuss, Esslingen 1964).

Das Heuss-Museum im Herzen von Brackenheim

Die Evas mit der Traube
Frucht statt Gerbstoffe – Sabrina Roth und ihre Trollinger-Evas

Manchmal ist es beim Trollinger wie bei einer Boulevard-Komödie. Das Publikum klatscht Beifall und die Kritik rümpft die Nase. Trollinger, Württembergs Traditionsrebsorte, hat es schon lange nicht mehr einfach. Das kommt nicht von ungefähr. Denn viel zu lange hat man die Rebsorte ausgemostet bis zum Gehtnichtmehr. Masse statt Klasse war ja bei den riesigen Trauben mit den großen Beeren ohnehin kein Problem. Und das, obwohl der Trollinger, der vor rund 600 Jahren als Welscher aus Italien ins Land gekommen war, mit die besten Flächen in den Weinbergen besetzt. Nicht grundlos machten Kritiker – meist Händler oder Sommeliers wie der Stuttgarter Bernd Kreis – in den 90er-Jahren des 21. Jahrhunderts ihrem Unmut Luft: Es wäre doch besser, Trollinger würde in diesen Lagen werthaltigeren Sorten weichen. Die Kritik verhallte nicht gänzlich ungehört. Zwar ist Trollinger nach wie vor mit rund 2.200 Hektar (Stand 2017) der meist angebaute Rotwein im Ländle, doch sein Anteil schrumpft in den letzten 15 Jahren kontinuierlich um 25 bis 35 Hektar. Auch wenn man teilweise noch immer an einen solchen marmeladigen, alkoholischen Fruchtsaft geraten kann, ist diese Spielart des Trollingers, Bacchus sei Dank, weitgehend aus den Weinkellern verschwunden.

Dennoch, die Bandbreite der Qualitäten und Stile beim Trollinger ist nach wie vor recht groß. Zwischen dünnen Weinchen und holzigen Prügeln, die rein gar nichts mehr von Trollinger an sich haben, ist alles dabei. Das Problem: Es steht zwar Trollinger drauf, aber der Kunde am Weinregal weiß nicht unbedingt, was drin ist. Gegen diesen Blindflug in Sachen Weingenuss wollten die Trollinger-Evas, eine Gruppe von zehn Winzerinnen und Weinfachfrauen, im Jahr 2007 ein Weinprofil des Trollingers entwickeln. Die Gruppe hat sich zwar inzwischen aus vielfachen familiären Gründen aufgelöst, doch die Idee und die daraus resultierenden Weine bleiben bestehen. Da der Geschmack bei diesem Projekt eine wesentliche Rolle spielt, wollten die Evas die Kundschaft vor allem mit einem ziegelroten, fruchtigen Trollinger-Typ überzeugen – trocken, versteht sich. Der Rahmen auf dem Weg dorthin war für die sieben Betriebe stets derselbe: Das Lesegut soll von alten Anlagen mit eher kleineren, aber gehaltvolleren Beeren stammen. Der Ertrag war auf maximal 120 Kilo pro Ar begrenzt – je nach Jahrgang wurde seitdem im

Steht ihre Frau: Sabrina Roth

Dicke Beere, große Traube – Trollinger

Einzelfall auch schon mal weniger als die Hälfte geerntet. Der Ausbau im Stahltank sollte im Keller den fruchtigen Charakter herausarbeiten, auf Maischegärung wurde verzichtet. Dafür wurde nach dem Erhitzen bisweilen die Standzeit verlängert, um dem Wein ein wenig mehr Kraft zu geben. Nicht nur die Gerbstoffe sollen im Zaum gehalten werden, auch der Alkohol sollte mit 12 bis 13 Volumenprozent im Rahmen bleiben. Und: »Der Trollinger« ist trocken und damit ein Wein für viele Speisen und vor allem auch für danach. Dass bei einem gemeinsamen Profil kein geschmacklicher Einheitsbrei herrscht, liegt auf der Hand: Groß sind die Unterschiede von Böden, Sonnenstunden und Jahreswetter zwischen Remstal und Heilbronn.

Sabrina Roth in Happenbach ist die letzte verbliebende Trollinger-Eva, die ihren Wein selbst ausbaut. Damit ist sie eine eher seltene Spezies im Weinland Württemberg. Die Kellerwirtschaft ist zwar nicht mehr ausschließlich, aber noch immer überwiegend in der Hand von Männern. Die Winzerin weiß ein Lied davon zu singen. In der Ausbildung hat sie immer mal wieder gehört, dass Frauen sich lieber um Kinder, Küche und Kirche kümmern sollten. Und bei der Techniker-Ausbildung in Weinsberg war sie in der Klasse alleine unter 25 Männern. »Ich musste zeigen, dass ich gleichberechtigt bin, aber das war in Ordnung«, sagt sie. Dabei waren ihre Ziele zunächst ganz andere, als in den elterlichen Weinbaubetrieb einzusteigen. So musste sie ihr Vater schon überreden, das Schulpraktikum in einem Weinbaubetrieb zu absolvieren. »Ich habe mir gedacht: Die eine Woche bekommst du schon hin.«

»Am Anfang liefen die Wetten, wie lange ich durchhalte«, erinnert sich Sabrina Roth. Doch sie hat sich durchgebissen und Blut geleckt. »Jedes Jahr ist neu und mit wechselnden Wetterbedingungen muss man sich immer neu einstellen. Das Wissen erweitert sich stets«, beschreibt sie den Reiz des Winzerberufs. Und gerade auch die Arbeit im Keller fordere sie immer wieder heraus. Zumal Richard Drautz, der viel zu früh verstorbene Maître des Heilbronner Weinguts Drautz-Able, sie im dritten Lehrjahr darauf hingewiesen hatte, dass Frauen in der Sensorik viel feinfühliger seien als Männer. Heute arbeitet sie im Keller Hand in Hand mit ihrem Mann Christian Kircher, selbst ein Küfermeister. Man probiert, man diskutiert und entscheidet dann – mal so, mal so.

Und der Trollinger? Der nimmt rund ein Sechstel der Rebfläche des Weinguts ein. Allerdings setzt Sabrina Roth mittlerweile auf Maischegärung. »Man kann auch ohne Erhitzen einen fruchtigen, eleganten Wein machen«, sagt sie. Hauptsache, er ist leicht, fruchtig und nicht so alkoholbetont, sodass man ohne Reue zu zweit ein Fläschchen trinken kann. Tanninlastige Weine aus dem Barrique, nur um dem Mainstream zu folgen, würden dem Trollinger nicht gerecht.

Ute Bader, Fachberaterin beim Baden-Württembergischen Genossenschaftsverband und eine der Trollinger-Evas, sieht es ähnlich. »Mich ärgert das mangelnde Selbstbewusstsein beim Trollinger, wo doch alle Welt von autochthonen Rebsorten redet. Aber es scheint immer eine große Sehnsucht nach dem zu geben, was man selbst nicht hat. Ich finde das kurios – weil sich auch zum Beispiel die Kollegen im Beaujolais über Maischeerhitzung Gedanken machen, um mehr Frucht in den Wein zu bekommen«, sagt die Önologin. Trollinger ist für Ute Bader nicht unbedingt ein Wein, über den man sprechen müsste, der aber bestens ein Gespräch begleiten kann. »Er ist ein unkomplizierter Wein, für Menschen, die keine schweren Rotweine möchten. Mit charmanter Frische und einer mit Kirsch-, Johannisbeer- oder auch Erdbeeraromen facettenreichen Frucht.«

Rückblickend auf zehn Jahre Trollinger-Evas sagt Ute Bader: »Wir haben vieles in Bewegung gesetzt und eine Diskussion über den Trollinger angestoßen.« So zog unter anderem das Weininstitut Württemberg in Kooperation mit der Staatlichen Lehr- und Versuchsanstalt für Wein- und Obstbau in Weinsberg 2010 mit einem Trollinger-Profil nach – das in den wesentlichen Punkten auch dem der Trollinger-Evas entspricht.

Wo Bonifatius mit dem Teufel rang
Weingärtner Cleebronn-Güglingen – Riesling vom Michaelsberg

»Seht Ihr dort die Bergkapelle / goldbekränzt im Abendstrahl / Friedlich glänzt sie, / himmelshelle / niederwärts ins grüne Tal. / Sei gegrüßt, erlauchter Hügel, Herzblatt meines Schwabenlands / Lieblich in des Neckars Spiegel / malt sich ab dein Rebenkranz.«

Mal abgesehen vom Neckarspiegel – bis dahin wären die Verse, mit denen Karl Gerok den Stuttgarter Rotenberg besang, wie gedrechselt für den Michaelsberg bei Cleebronn. Doch der Neckar windet sich ein gutes Stück entfernt von hier durchs Unterland und auch in der nahen Zaber dürften sich weder Berg noch Kirche, die auf dem 394 Meter hohen Plateau thronen, spiegeln. Der lang gezogene Kegel des Bergs, ein nordöstlicher Ausläufer des Strombergs, liegt wie ein gestrandeter Walfisch in der Landschaft. Und während die benachbarten Höhen bewaldet sind, ist der Michaelsberg rundum mit Reben bewachsen. Hier soll nach der frommen Legende, die Eduard Mörike in seinem Gedicht *Erzengel Michaels Feder* aufgegriffen hat, der Führer des himmlischen Heeres dem Heiligen Bonifatius zu Hilfe geeilt sein, als dieser auf dem Berg mit dem Teufel rang. Das Ende ist nicht schwer zu erraten: Der Himmel siegte, und zum Dank ließ Bonifatius an Ort und Stelle eine Kirche bauen.

So weit die Legende. Sicher ist, dass bereits im Jahr 793 eine Michaelskirche auf dem Berg stand. Eine Nonne namens Hiltburc hatte die Kirche nebst weiteren Besitzungen dem Kloster Lorsch gestiftet – so steht es in einer Schenkungsurkunde. Eine wechselvolle Geschichte folgte für das Kirchlein durch die Jahrhunderte, bis es 1785 vom Erzstift Mainz an das Herzogtum Württemberg verkauft wurde. Heute betreibt die Diözese Rottenburg-Stuttgart neben der Kirche das Jugendhaus Michaelsberg mit Tagungsräumen und Übernachtungsmöglichkeiten. Und unten am Fuße der Südwest-Flanken des Berges sorgt eine Einrichtung bei vielen Besuchern für eine Seligkeit der anderen Art: der Freizeitpark Tripsdrill.

Gesegnet ist nicht nur das weithin sichtbare Kirchlein, sondern wohl auch die fruchtbaren Hänge des Michaelsbergs. Schon die Nonne Hiltburc schenkte dem Kloster Lorsch nicht nur das Kirchlein, sondern auch Weingärten am Michaelsberg, weshalb die Cleebronner Weingärtner im Jahre 1993 1.200 Jahre Weinbau an der markanten Erhebung feierten. Das große Pfund, mit dem die Weingärtner Cleebronn-Güg-

Der Michaelsberg mit seiner Kapelle

Riesling – König der weißen Reben

lingen am Michaelsberg wuchern können, sind exzellente Rieslinglagen. Gerade diese waren ein Grund, sagt Geschäftsführer Axel Gerst, weshalb Kellermeister Andreas Reichert nach Cleebronn gekommen war. Zuvor war der Önologe bei der Felsengartenkellerei in Hessigheim für das Premiumsegment zuständig gewesen, und die Cleebronner, so Axel Gerst, hatten nicht unbedingt damit gerechnet, den Experten in ihre Reihen locken zu können. »Andreas Reichert war aber davon überzeugt, dass es in den besonderen Lagen des Michaelsbergs möglich sein müsste, einzigartige Weißweine zu erzeugen«, erzählt der Geschäftsführer. Hier in den höheren Lagen, nahe der 400-Meter-Marke, ist es kühl und auch im Herbst ziehen keine Nebel auf. Dazu weht um den Solitär am Ende des Strombergs stets ein wenig Wind, der die Trauben und Blätter trocken hält und Fäulnis entgegenwirkt. »Die Konsequenz ist, dass wir hier Riesling extrem spät lesen können«, sagt Axel Gerst.

Riesling, der König der Weißweine Deutschlands. Gekreuzt aus Weißem Heunisch und Traminer wurde die Rebe 1435 zum ersten Mal erwähnt: Auf einer Rechnung an den Grafen Johann IV. von Katzenelnbogen werden für die gräflichen Weinberge in Rüsselsheim Rieslingsetzreben für 22 Schillinge aufgeführt. Heute spielt Riesling in allen deutschen Anbaugebieten eine wichtige Rolle. »Riesling ist nach wie vor die spannendste Rebsorte in Deutschland«, sagt Axel Gerst,

»weil sie je nach Terroir so verschiedene Varietäten hervorbringt. Das ist das Schöne.« Und, so der Untertürkheimer Weinakademiker Dietmar Maisenhölder: »Riesling bringt auch noch bei Erträgen von 60 bis 70 Litern pro Ar exzellente Weine.« Wo die besten wachsen, stehe für viele Weinpäpste außer Frage: »Rheinhessen ist für sie das Montrachet des Rieslings – aber Württemberg kann mithalten.«

Von weltweit knapp 50.000 Hektar Riesling-Anbaufläche steht rund die Hälfte in Deutschland. Zwischen Ahr und Bodensee beansprucht der edle Weiße rund 20 Prozent der Anbaufläche, wobei er im Rheingau mit rund 80 Prozent den Rebsatz dominiert. Das Gros des Exports deutschen Rieslings geht nach Skandinavien, doch der Markt in den USA, derzeit noch an zweiter Stelle, wird immer wichtiger. Der zweitgrößte Riesling-Hotspot liegt übrigens in Nordamerika, wo die Rebe in Washington State, in Nord-Kalifornien oder auch in Ontario angebaut wird. Selbst in der UdSSR ließ Michail Gorbatschow Mitte der 80er-Jahre 25.000 Hektar an Riesling-Flächen anlegen – mit Schwerpunkt in der Ukraine. Mindestens ein Pirat fährt auch unter falscher Flagge. Denn der Cape-Riesling aus Südafrika hat mit Riesling rein gar nichts zu tun: Der Wein wird aus der Rebsorte Crouchen gekeltert. »Es lohnt sich, beim Riesling in Deutschland zu bleiben, wir sind immer noch Riesling-Weltmeister«, sagt der Untertürkheimer Weinakademiker Dietmar Maisenhölder. Nur so mal nebenbei: Vor rund 200 Jahren hatte der edle Weiße aus deutschen Landen heutige Bordeaux-Größen im Preis locker abgehängt.

Doch zurück an den Michaelsberg. Dort hatte Kellermeister Andreas Reichert damit begonnen, die Reben von den oberen Lagen parzellenweise zu selektieren und nach Qualitätsstufen einzuordnen. Der Erfolg ließ nicht lange auf sich warten; bereits 2009 kelterten die Cleebronner außergewöhnliche Rieslinge und wurden dafür vom Meininger Fachverlag zum besten Riesling-Betrieb gekürt. »Und das vor den Kollegen der VdP-Weingüter – das war eine Sensation«, freut sich Axel Gerst noch heute. Vor allem weil der Erfolg keine Eintagsfliege war. Maßgeblich dazu beigetragen hat Thomas Beyl, der 2010 als Vorstand an die Spitze der Genossenschaft rückte und das Qualitäts-Konzept schärfte und weiterentwickelte. 2018 kürte das Fachmagazin Vinum die Cleebronner als beste Genossenschaft Deutschlands, beim Meininger-Wettbewerb landeten sie als beste Württemberger Kooperative auf dem zweiten Platz. Axel Gerst ist zufrieden. »Das zeigt, dass wir auf dem richtigen Weg sind.«

Auf der grünen Wand
Hohenhaslach und der Kirchberg

Wie eine grüne Wand erhebt sich der Hohenhaslacher Kirchberg vor dem Autofahrer, sobald er, von Sachsenheim kommend, den Wald verlässt. Oben auf der Hangkante steht, weithin sichtbar, die Georgskirche. Einst bezeichnete der Kirchberg lediglich das Gewann unterhalb des Dorfes, heute zieht sich die Lage Kirchberg mit ihren 160 Hektar von Freudental bis kurz vor Spiegelberg. »Der Kirchberg ist eine Toplage im Stromberg«, sagt der Hohenhaslacher Wengerter Martin Notz. Auch das Haus Württemberg besitzt hier Weinberge. Und nicht von ungefähr kommt die alte Württemberger Wengerters Weisheit: Wo die Hofkammer Weinberge besitzt, kann man getrost auch einen kaufen – sofern man das nötige Kleingeld dazu hat.

Die von Martin Notz angesprochene Qualität der Lage bezieht sich einerseits auf die Exposition des Berges, der zum Großteil von rund 240 bis knapp unter 400 Metern über Normalnull nach Süden ausgerichtet ist. Den Boden bestimmen Gipskeuper, Bunte Mergel und Schilfsandstein in den oberen Bereichen, was vor allem für Riesling besten Boden bereitet. Und die schweren Keuperböden eignen sich bestens für Rotwein. So legen Martin Notz und seine Söhne Philipp und Julian, die längst im Familienbetrieb Verantwortung übernehmen, ihren Schwerpunkt auf Lemberger. Doch die Hohenhaslacher Weingärtner haben auch harte Zeiten erlebt. Reblaus und Mehltau nagten an Erträgen und Einkünften. »Die Wengerter waren arm und lebten oben auf dem Berg. Das sieht man heute noch an den kleinen Häusern«, sagt Martin Notz. Neben dem Haus reichte es vielleicht noch zu einem Ziegenstall. Unten im Tal lebten die wohlhabenderen Bauern, die zwar auch Weinbau betrieben, doch die wirtschaftlichen Standbeine in Ackerbau und Viehzucht hatten.

Vergangene Zeiten. Hohenhaslach hat sich längst wieder herausgeputzt. Im Dorf, oben auf dem Berg, wartet ein kleiner historischer Rundgang auf die Besucher. Am Ostende des Dorfes hat das Panoramaweingut Baumgärtner einen Weinschaugarten angelegt, mit verschiedenen Rebsorten und Erziehungsmethoden. Hier führt der Panoramaweg an der Hangkante entlang und verspricht bei schönem Wetter weite Ausblicke in die Umgebung bis hin zum Nordschwarzwald.

Hohehnhaslach über dem Kirchberg

Die Ochsenbacher Hefenjäger
Weingut Merkle in Sachsenheim

Das hatte sich Georg Merkle im Jahr 2010 einfacher vorgestellt: Man geht in den Weinberg und sammelt Hefen, die auf den Trauben zu finden sind. Eigene Hefen sollten es sein, mit denen der Ochsenbacher Winzer seinen Wein vergären wollte. Nicht irgendwelche Gärhilfen von der Stange, die in vielen Varianten angeboten werden. Eigene Hefen als Alleinstellungsmerkmal. Den Spontanvergärern wollte sich Georg Merkle auch nicht anschließen. Zum einen, weil dieser Vorgang des kontrollierten Nichtstuns seine Risiken birgt. Und, so Professor Dr. Michael Brysch-Herzberg: »Die meisten Hefen zur Spontangärung kommen aus dem Keller und nicht vom Weinberg.« Der Professor ist nicht nur Merkles Nachbar, sondern auch Abteilungsleiter für Weinbetriebswirtschaft der Hochschule Heilbronn und Experte für Weinvergärung und ihre Mikrobiologie.

Jedoch: Gärhefen sind im Weinberg sehr selten. Eine Überraschung für den Winzer und den Wissenschaftler. Auf den Trauben fanden die beiden zwar jede Menge von Mikroorganismen, doch einige davon möchte man nicht gerne im Most haben: Hefen, die wenig zur Gärung beitragen, aber dafür Fehltöne erzeugen wie Böckser oder Essigstich. Bis heute sind sieben bis zehn taugliche Hefestämme – Saccharomyces, Torulaspora und andere – geblieben, die bei der Umwandlung von Zucker in Alkohol überzeugende Arbeit leisten.

»Wir haben viel Lehrgeld bezahlt«, sagt Georg Merkle. Die eigenen Hefen verhalten sich beim Gären nicht so wie im Lehrbuch beschrieben. Dazu müssen jedes Jahr eine ausreichende Anzahl an Stämmen vorgezogen werden. Eine Aufgabe für Sohn Sandro, der für seine Technikerarbeit an der Weinbauschule in Weinsberg ein einschlägiges Thema gewählt hatte: »Selektion einer gärkräftigen Wildhefe mit hohem Endvergärungsgrad«. Mittlerweile werden im Ochsenbacher Weingut alle Weine mit den eigenen Hefen vergoren. Höchste Zeit für ein neues Projekt: Den biologischen Säureabbau Hefen anstatt Bakterien zu überlassen. Dabei wird normalerweise die spitze Apfelsäure von Bakterien zur weicheren Milchsäure umgewandelt – und Hefen arbeiten noch einmal anders. Überhaupt ist Hefe bei den Merkles ein Familienthema: Den Umgang mit Saccharomyces cerevisiae für ihren Hefezopf beherrscht Hausherrin Anja Merkle meisterlich.

Auf der Jagd nach guten Hefen: Prof. Dr. Michael Brysch-Herzberg und Georg Merkle

Den Wein mit elf Fingern lecken
Wein im Kloster Maulbronn

»Ein Brunnen läuft dort, und es stehen alte ernste Bäume da und zu beiden Seiten alte steinerne und feste Häuser und im Hintergrunde die Stirnseite der Hauptkirche mit einer spätromanischen Vorhalle, Paradies genannt, von einer graziösen, entzückenden Schönheit ohnegleichen.« So warm beschreibt Hermann Hesse in seinem Roman *Unterm Rad* den Ort seiner Seelenqual: das Kloster Maulbronn. Die Pein des alten Seminaristen, die geistige Enge, die er erlitten hatte, braucht den Besucher heute nicht zu berühren. Er darf sich auf eine Zeitreise zwischen den Buntsandsteinmauern begeben – viel Fantasie ist dazu nicht vonnöten. Die 1147 von Zisterziensermönchen gegründete Zelle wuchs im Laufe der Jahrhunderte und gilt heute als die am vollständigsten erhaltene Klosteranlage des Mittelalters nördlich der Alpen. Seit 1993 ist das Kloster Unesco-Weltkulturerbe.

Die Zisterzienser sorgten nicht nur dafür, dass sie in schönen Mauern wohnten – auch das Kloster Bebenhausen bei Tübingen mag dafür als Beispiel dienen –, sie waren darüber hinaus Acker- und Weinbauern vor dem Herrn. Vor allem der Wein war ihnen wichtig, war er doch ein unabdingbarer Bestandteil der Liturgie. Heute kaum vorstellbar: Im 13. Jahrhundert betrieben die Mönche auch Weinbau in Güstrow und bei Schwerin. In Maulbronn ist es der Klosterberg, der schon früh von Laienbrüdern angelegt und betrieben worden sein soll. Jedenfalls berichtet eine päpstliche Urkunde aus dem Jahr 1177 von Weinbergen beim Kloster. Heute führt ein Wanderweg durch den Weinberg, der teilweise noch mit Reben bestockt ist, zum Teil aber auch Obstwiese und Brachland mit Brombeergestrüpp geworden ist.

Der Klosterberg war bei Weitem nicht der einzige Weinberg der Mönche. So berichtet Immanuel Dornfeld in *Die Geschichte des Weinbaus in Schwaben* von 1868 vom Eilfingerberg: »Dieser Berg soll 1159 von Speyrer Laienbrüdern mit Reben bestockt worden sein, und als die Mönche die Vorzüglichkeit des Produkts erprobten, sollen sie zum Ausrufe veranlasst worden sein, nach dem sollte man nicht bloß mit zehn, sondern mit elf Fingern lecken.« So soll die Lage zu ihrem Namen gekommen sein. Die Güte ihrer Weine kann man heute noch probieren: Seit 1872 gehört der Eilfingerberg dem Weingut Herzog von Württemberg.

Schmuckstück in Fachwerk und Buntsandstein: das Kloster Maulbronn

Der Pioniergeist bleibt
Weingut Dautel in Bönnigheim – zwei Generationen, ein Ziel

Vielleicht liegt in der Familie das Rebellische ja ein wenig in den Genen. Ganz so heftig wie sein Vorfahr Jacob Dautel, 1514 ein Rädelsführer beim Bauernaufstand des Armen Konrad, hat es der Bönnigheimer Ernst Dautel zwar nicht getrieben. Aber angeeckt ist er schon, nachdem er 1975 nach dem Studium zurückkam. »Ich wollte nicht nur Traubenproduzent für die Genossenschaft sein. Dafür war ich doch nicht in Geisenheim«, sagt er. Im Herbst 1978 kelterte Ernst Dautel seinen ersten Jahrgang. Maischevergorene Rotweine, und das ganze Sortiment trocken ausgebaut – ein kräftiges Statement gegenüber dem herrschenden Weinstil damals, bei dem Restsüße hoch im Kurs stand. »Ich habe im Chablis und im Burgund den Chardonnay kennengelernt. Für mich war klar, diese hochwertige Sorte will ich auch haben«, erzählt Ernst Dautel. Gesagt, getan – und das gab Ärger, weil die Sorte hierzulande nicht zugelassen war. Am Ende durfte der Bönnigheimer doch, ein weinbaulicher Versuch brachte die Sondergenehmigung. Gleichzeitig stellte er sich die ersten Barrique-Fässer in den Keller und ein wenig später seine erste Cuvée zusammen. Auch dies ein Anschlag auf den Mainstream des Weingeschmacks im Ländle. Am Ende hat es Ernst Dautel mit seinem Widerstandsgeist weit gebracht: Er gilt als einer der Pioniere des Württemberger Weinwunders.

Längst ist im Hause Dautel der Generationenwechsel vollzogen, 2013 hat Sohn Christian den Betrieb übernommen. Wie in anderen Spitzenweingütern im Lande ging auch hier der Wechsel recht reibungslos und vor allem ohne Qualitätsdelle vonstatten. Dies zeigt: Die jungen Winzer sind meist hervorragend ausgebildet und haben Erfahrungen im In- und Ausland gesammelt. Und: Sie haben ebenso neue Ideen und sind mindestens so ehrgeizig wie ihre Vorgänger. Der Pioniergeist bleibt. »Ich habe schon den Anspruch, auf dem Level zu bleiben. Das heißt, man muss sich immer wieder anstrengen«, sagt Christian Dautel. Zwischen Vater und Sohn herrscht Arbeitsteilung: Der Senior kümmert sich in erster Linie um die Weinberge, der Jüngere arbeitet im Verkauf und vor allem gerne im Keller. »Ich habe vielleicht 30 bis 35 Mal in meinem Leben die Chance, einen großen Wein zu machen. Es ist schön, wenn man die Gelegenheit dazu bekommt.«

Der Pionier und sein Nachfolger: Ernst und Christian Dautel

Von Glaube und Traube
Die Lauffener Weingärtner, Katzenbeißer und Schwarzriesling

Ein gar schreckliches Ende war der kleinen Regiswindis beschieden. Die fränkische Grafentochter wurde im Jahr 839 von ihrer alemannischen Amme Sieglinde zuerst erwürgt und dann in den Neckar geworfen, der unterhalb der alten Königsburg von Lauffen in reißenden Stromschnellen vorbeifloss. Es war ein Racheakt, nachdem Regiswindis' Vater, Graf Ernst aus dem Nordgau, der Schwiegersohn von Kaiser Ludwig des Frommen, den Bruder der Amme misshandelt hatte. Drei Tage später wurde das Kind tot aus dem Neckar geborgen. Doch anstatt vom felsigen Untergrund im wilden Neckar zerfetzt, sah der Leichnam gänzlich unverletzt aus, mit rosigen Wangen und überkreuzten Armen. Keine typische Wasserleiche. Ein Wunder zweifellos in der damaligen Zeit. So weit die fromme Legende.

Doch der Wunder nicht genug. Solche sollen sich am Grab des Kindes ereignet haben, weshalb Hunbert, Bischof von Würzburg, dort eine Kirche bauen ließ. Immer mehr Wallfahrer strömten in diese Kirche, und Regiswindis wurde heiliggesprochen. Lauffen, das heute am linken Neckarufer noch »Dörfle« genannt wird, im Gegensatz zum jüngeren »Städtle« rechts des Neckars, wurde zum Pilgerort. »Und das war gut für den Weinbau«, sagt die Lauffener Stadtführerin Andrea Täschner. Glaube und Traube gesellen sich eben gerne – zumindest in der christlichen Kirche. Die Regiswindiskirche, deren Grundstein 1227 gelegt wurde, gibt es heute noch. Allerdings ist sie seit der Schlacht von Lauffen 1534, als die Habsburger vertrieben wurden und am Ende Herzog Ulrich die Rückkehr nach Württemberg ermöglicht wurde, evangelisch.

Lange schon wurde damals Wein angebaut in Lauffen. »Waren die Weinberge zunächst unten in der Ebene und in der Nähe des Dorfes, so wurden sie nach und nach in die Hänge am Neckar verlegt. Weinbergterrassen gibt es hier seit rund 1.000 Jahren«, weiß die Stadtführerin. Schon damals galt wohl der spätere Leitsatz: Wo ein Pflug kann gehen, soll kein Weinstock stehen. Getreide, Gemüse und später auch Kartoffeln waren eben wichtiger als der Wein. Erst kommt das Sattwerden, dann der Genuss. Doch es dauerte ein paar Jahrhunderte, bis die steilen Bergflanken mit Terrassen erschlossen waren. Heute ist der Weinbau in Lauffen gerade auch durch seine Steillagen geprägt. Von den rund 860 Hektar Rebfläche der Genossenschaft liegen 120 Hektar

Laufferner Spezialität: Schwarzriesling

Steillage am Neckar: der Krappenfelsen

in terrassierten Steillagen – sowohl in Lauffen als auch in Mundelsheim, mit deren Genossenschaft die Lauffener im Jahr 2012 fusionierten.

Gemeinsam verfügen beide Weinorte über fast schon legendäre Lagen – hier in Lauffen der Katzenbeißer, dort der Käsberg in Mundelsheim. Seinen lustigen Namen soll der Katzenbeißer übrigens aus einer Zeit tragen, in der das Geld noch in Beuteln am Gürtel – den sogenannten Geldkatzen – getragen wurde. Und da die Lage an der alten Neckarschlinge schon immer guten Wein hervorbrachte, war der fröhliche Zecher am Ende in die Katze gebissen, als er seine Zeche zu zahlen hatte. Doch ob Katzenbeißer oder Käsberg – bei aller Mühe, die die Steillage den Wengertern abverlangt, ein solches Stückchen Weinberg war schon immer etwas Besonderes. So sagte man einst in Mundelsheim: Ohne eine Käsbergwengert bist du kein richtiges Mitglied der Genossenschaft. »Vor 60 bis 70 Jahren war solch ein Wengert so viel wert wie ein Haus«, sagt Ulrich Maile, ehemaliger Vorstandsvorsitzender der Lauffener Weingärtner. Und auch als Mitgift war solch ein Terrassenwengertle heiß begehrt. Die Weinbergmauern heizten sich in der Frühjahrssonne auf wie Kachelöfen und boten so ein gewisses Maß an Schutz gegen Fröste.

Sonne in der Höhe, Wasser in der Tiefe. Nicht ohne Neid blickten Weingärtner aus anderen Orten und Regionen auf Lauffen. Denn dort hatte man schon in den 30er-Jahren Bewässerungsanlagen entwickelt. Ursprünglich für Gemüse- und Obstkulturen hatte man damit begonnen, Wasser aus dem Neckar zu pumpen, um weitgehend autark für die Ernährung zu sorgen. Und warum sollte, was für Obst und Gemüse gut ist, dem Wein abträglich sein? Das war der Gedanke, zumal die Rebflächen am alten Neckararm mit Kies und Sand recht flachgründig waren. Es hat der Genossenschaft und ihren Mitgliedern nicht geschadet. 1935 gegründet fuhren zehn Jahre später, bald nach dem Krieg, schon die ersten Wengerter mit dem Schlepper in den Weinberg. Heute können die Lauffener bei Bedarf rund 75 Prozent ihrer Rebfläche mit Neckarwasser beregnen.

Davon profitiert im Zweifel auch eine Lauffener Spezialität: der Schwarzriesling. Mit rund 350 Hektar Rebfläche bildet der Schwarzriesling bei den Lauffener Weingärtnern zweifellos den Schwerpunkt im Sortenspektrum. Mit Riesling hat der Rote allerdings nichts zu tun, auch wenn er mit ihm die späte Reife und in etwa die Traubenform teilt. Schwarzriesling ist vielmehr ein Mitglied der Burgunderfamilie und heißt entsprechend seines zweiten deutschen Namens »Müllerrebe« in Frankreich Pinot Meunier – Pinot Müller. Der Müller kommt deshalb ins Spiel, weil die starke Behaarung an der Unterseite der Blätter und an den Triebspitzen den Eindruck erwecken, sie wären mit Mehl bestäubt. In Deutschland ist Schwarzriesling fast ausschließlich eine Württemberger Angelegenheit. Und Ulrich Maile sagt nicht ohne Stolz: »Schwarzriesling würde es heute nicht mehr geben, wenn sich Lauffen nicht so sehr um ihn bemüht hätte.« Das heißt: Jahr für Jahr wurden die besten Reben ausselektiert und anschließend vermehrt.

In der Fläche ist der Schwarzriesling sicher anspruchsloser als sein großer Verwandter, der Spätburgunder, der ja gemeinhin als Zicke unter den Rebsorten gilt. Ulrich Maile: »Schwarzriesling will geschnitten sein und auch die Laubarbeit ist wichtig, weil die Rebe relativ anfällig für Botrytis ist.« Will heißen: Weniger Laub, mehr Luft für die Traube, weniger Anfälligkeit gegen den Schimmelpilz, der bei manchen Weißweintypen allerdings sehr gern gesehen ist. Dazu gedeiht Schwarzriesling auch auf leichten, sandigen Böden – und kann, im Gegensatz zum Lemberger, dennoch gut strukturierte Weine mit Charakter ergeben. Vor allem, wenn die Erträge im Zaum gehalten werden. »Wir haben früh erkannt, dass hohe Erträge nie dichte Weine ergeben«, sagt Marian Kopp, Geschäftsführer der Genossenschaft. So sind er und seine Genossen deutschlandweit mit dem Schwarzriesling unterwegs. »Nicht im Billigbereich«, darauf legt er Wert. Und der berühmte Katzenbeißer, mit dem die Lauffener über die Grenzen Württembergs hinaus bekannt sind, kostet dann eben auch etwas mehr – und macht damit seinem Namen zumindest im Ansatz ein wenig Ehre.

Die Konsorten vom Käsberg
Das Consortium Montis Casei in Hessigheim

Erst fließt der Neckar nach Norden, dann nach Süden. Zwischen Mundelsheim und Hessigheim umfasst der Käsberg wie ein Amphitheater die Flussschleife. Rund 100 Meter erhebt sich die Geländestufe aus Muschelkalk vom Ufer bis hinauf zur Bergkante. Einen schönen Blick auf die Neckarschleife und die steilen Weinberge bietet die Käsbergkanzel oberhalb des Königshäusles. Zwei Wanderwege führen zu diesem Aussichtspunkt – es lohnt sich hinzugehen.

Am Hang unterhalb der Kanzel bauen renommierte Weingüter und Genossenschaften wie der Herzog von Württemberg oder auch die Lauffener Weingärtner ihre Reben an. Doch der Käsberg hat einen Nachteil: Er ist steil, sehr steil. Hier ist mühsame Handarbeit gefordert. Rationeller Maschineneinsatz ist nicht möglich. Steillagen-Weinbau ist teuer. Vor allem, wenn es an den Erhalt der Trockenmauern geht.

Die Konsequenz: Die einen hören mit dem Weinbau auf, die anderen versuchen, mit höherwertigen, internationalen Sorten ihren Schnitt zu machen. So auch das Consortium Montis Casei, zu Deutsch: das Käsberg-Konsortium. Diese Gruppe von neun Weinliebhabern um den ehemaligen Stuttgarter IHK-Präsidenten Dr. Herbert Müller hat sich zusammengeschlossen, um mit Idealismus und Kapital den Steillagenweinbau am Mundelsheimer Käsberg und am Hessigheimer Wurmberg zu erhalten. Dazu kaufen die Konsorten Weinberge auf und lassen sie nach ihren Vorgaben bewirtschaften. Um An- und Ausbau kümmert sich vor allem der Hessigheimer Karsten Faschian, in dessen Weingut Herbert Müller Gesellschafter ist. Am Ende sollen Premiumweine in die Flasche kommen, geprägt von Frucht und weichen Tanninen. Dafür wachsen in den steilen Parzellen nun neben Lemberger und Weißburgunder auch Cabernet Franc und Cabernet Sauvignon, Merlot und Syrah, Sangiovese und Tempranillo. Diese Palette der Rebsorten soll in erster Linie nicht zu einem Bauchladen von reinsortigen Weinen führen, sondern vielmehr zu einer Spielwiese für Cuvées von internationalem Zuschnitt. Und der Trollinger? Herbert Müller: »Der ist gut, kann aber das Potenzial der Steillage nicht ausschöpfen. Dennoch möchte ich ihn weiter pflegen. Ich trinke ihn so gerne.«

Steile Lage im Mundelsheimer Käsberg

Klettern in den Weinbergen
Die Hessigheimer Felsengärten

Der Neckar hat es hier nicht einfach: Erst zwingt ihn der Käsberg bei Mundelsheim zunächst ins enge Knie und dann in die Gegenrichtung – nur um wenig später an der Neckarhalde die Flussrichtung von Süden nach Norden einzuschlagen, bis an die Steillagen des Wurmbergs vor Besigheim, wo er die nächste Schleife macht. Zuvor passiert der Fluss die Hessigheimer Felsengärten, deren Trauf rund 100 Meter über dem Fluss liegt. Am einfachsten ist das Naturdenkmal mit seiner bizarren Felslandschaft vom Parkplatz Felsengärten aus zu erreichen, wenn man von Norden her von der Landesstraße nach Hessigheim abfährt und nach rund 200 Metern bei den Aussiedlerhöfen rechts abbiegt. Von dort ist es nur noch ein kleiner Spaziergang bis zur Bergwachthütte und damit zum Abstieg zu den Felsengärten. Am besten ist es jedoch, wenn man am Parkplatz der Felsengartenkellerei losmarschiert – oder noch schöner, wenn man nicht mit dem Auto, sondern per Schiff auf dem Neckar anreist und am Anleger Felsengärten aussteigt. Von dort bis zum Kellereigebäude ist es nur ein Katzensprung. Ab hier führt der Weg durch die Weinberge und dann auf schmalem Steig steil hinauf in das Felslabyrinth.

Dort tummeln sich seit knapp 100 Jahren auch die Kletterer. »Es war früher vor allem ein Trainingsgelände, um sich auf die Alpentouren vorzubereiten«, sagt Roland Fischer, Vorsitzender der Alpenvereins-Sektion Ludwigsburg, die eine Felspatenschaft für den Klettergarten übernommen hat und zweimal pro Jahr Biotop-Pflege im Naturschutzgebiet betreibt. So tragen manche Routen im Fels große Namen des Alpenraums – Totenkirchle oder auch Schleierkante zum Beispiel. 130 leichte bis extrem schwere Touren bis zum neunten Schwierigkeitsgrad und einer Maximallänge von 18 Metern warten dort im Muschelkalk auf die Kletterer. Die dürfen allerdings nur auf den talabgewandten Seiten der Felsbänder ihrer Leidenschaft nachgehen. Aus Sicherheitsgründen, damit ein Steinschlag nicht die Wengerter und Spaziergänger in den Weinbergen gefährdet.

Als Abschluss des Ausflugs in die Felsengärten empfiehlt es sich, einen Abstecher in die Felsengartenkellerei zu machen – die hat von März bis 23. Dezember auch sonntags geöffnet.

Alpines Vergnügen im Muschelkalk des Neckartals

Die Knappen der Steillagen
Das WeinBergWerk – eine der jüngsten Genossenschaften in Württemberg

»Wir hatten es satt, immer nur von der Problematik der Steillagen zu reden«, sagt Christian Kaiser, Geschäftsführer der Lembergerland-Genossenschaftskellerei in Roßwag. Wir, das waren neben den Roßwagern auch die Genossenschaftskollegen aus Bietigheim und Lauffen – inklusive der Mundelsheimer Weingärtner, die 2012 mit den Lauffenern fusionierten. Ein paar der besten terrassierten Steillagen Württembergs in einer Marke zu vereinen, das war die Idee, die von den Gründervätern des WeinBergWerks ausgeheckt wurde. Doch diese umzusetzen, war gar nicht so einfach. Zunächst musste dafür eigens eine Genossenschaft gegründet werden.

Die Steillagen Württembergs sind zum Teil seit rund 1.000 Jahren eine gewachsene Kulturlandschaft. Sie waren aus der Not der Bauern entstanden, dem Berg ein wenig an Nutzfläche abzutrotzen. Nach Schätzungen der Umweltakademie Baden-Württemberg reihen sich die Natursteinmauern entlang der Rebhänge des Neckars und an den Unterläufen seiner Zuflüsse auf eine Länge von über 2.000 Kilometern. Zum Bau dieser großen schwäbischen Mauer wurden, einer weiteren Schätzung zufolge, mehr Steine bewegt, als in den drei großen Pyramiden von Gizeh stecken.

Die Trockenmauern, ohne Mörtel aus behauenen Sand- oder Kalksteinen zusammengefügt, ermöglichen nicht nur die Arbeit am Hang, sie wirken darüber hinaus wie Wärmespeicher. Tagsüber von der Sonne auf Temperatur gebracht, geben die Steine in der Nacht die Wärme wieder an den Boden und die Umgebung ab und sorgen so für bessere Wachstumsbedingungen. Bislang jedenfalls. Denn im Zuge des Klimawandels kann es auf den besonnten Terrassen an manchen Orten für Riesling und Trollinger auch schon mal zu warm werden. Der Nebeneffekt: Die Ritzen und Fugen der warmen Trockenmauern bieten für seltene Tiere und Pflanzen einen wertvollen Lebensraum.

Die Kehrseite der Medaille: Die Bewirtschaftung der terrassierten Steillagen ist mühsam und teuer. Denn Trockenmauern sind nicht für die Ewigkeit gebaut. Sie wollen gepflegt und ab und zu, je nachdem, wie gut sie gebaut sind, auch erneuert werden. Das kostet. So rechneten die Lauffener Weingärtner 2015 mit rund 20.000 Euro pro Hektar und Jahr zum Erhalt der Trockenmauern. Je nach Lage und Hangneigung kann sich dieser Betrag auch verdoppeln. Und: Die Arbeit in der terrassierten Steillage ist

Steillagen nähren die Kraft der Weine

Die Knappen des WeinBergWerks

wesentlich aufwendiger als in der Fläche, wo der Winzer mit dem Schlepper oder gar mit dem Vollernter viel weitere Schläge fahren kann, ohne einmal zu wenden. Dagegen ist in vielen Steillagen ausschließlich Handarbeit angesagt – von vereinzelten Zahnradbahnen als Transporthilfe einmal abgesehen. So rechnet man hierzulande in der Flachlage mit einem Arbeitsaufwand von bis zu 500 Stunden pro Hektar. In der terrassierten Steillage ist die Zahl der Arbeitsstunden mindestens doppelt so groß – und dies bei steigenden Kosten für Arbeitslöhne, Energie und Materialaufwand.

Beste Aussichten auf Qualität und hoher Aufwand – ein Weinberg in der terrassierten Steillage ist Fluch und Segen zugleich für den Winzer. So versuchen die, die nicht auf ihre Steillage verzichten können oder wollen, gegenzusteuern. Einerseits mit einem anderen Rebbesatz, wobei man sich bei einem größeren Anteil von internationalen Sorten wie Merlot, Syrah oder Cabernet Sauvignon und seinen Abkömmlingen auf Dauer eine größere Gewinnspanne verspricht. Dies geht meist zulasten des Trollingers. Andererseits bieten Weingüter und Genossenschaften Rebpatenschaften an. Dabei erhält der Pate gegen einen gewissen Obolus entweder eine Naturaldividende in Form von Wein aus »seiner« Rebe rückvergütet oder Einladungen zu Veranstaltungen oder auch, wie beim Weingut Herzog von Württemberg, eine kleine Tafel mit seinem Namenszug am Rebstock.

Die Lembergerland-Kellerei zahlt ihren Winzern beim Lemberger 401 einen Extra-Bonus zur Pflege der Trockenmauern aus. Die Roßwager bieten darüber hinaus das Programm *Wengerter für ein Jahr*, bei dem die Teilnehmer unter fachkundiger Anleitung an mehreren Terminen im Jahr einen Steillagen-Weinberg bestellen und ernten. Dies schafft nicht nur Kenntnis und Problembewusstsein rund um den Steillagenanbau bei der potenziellen Kundschaft, es bringt auch ein wenig Geld in die Kasse.

Darauf hoffen auch die Mitglieder des WeinBergWerks, die mit besonderen Weinen ein größeres Stück vom Kuchen des Weinmarkts abzuschneiden versuchen. Die Voraussetzungen dazu sind nicht schlecht. Schließlich können die Knappen des WeinBergWerks auf einen Teil der besten Lagen des Anbaugebiets Württemberg zurückgreifen: In Roßwag auf die Halde, die sich hoch über die Enz erhebt und sich flussaufwärts, in Richtung Mühlhausen, wie ein Amphitheater um die Schleife der Enz legt. Ebenso krümmt sich die Geländestufe des Käsbergs um das Neckarknie von Mundelsheim, und zwei Flussbiegungen weiter, zwischen Hessigheim und Besigheim, zieht sich der Wurmberg am Nordufer des Neckars entlang. Die Lauffener Weingärtner bringen die legendäre Lage Katzenbeißer mit in die Gemeinschaft. Der lustige Name soll sich von der Geldkatze ableiten. Denn der Genuss der hochwertigen Weine aus den steilen Weinbergen an Neckar und Zaber hat schon zu früheren Zeiten manchem Zecher ein größeres Loch in den Beutel gerissen. Zu den Gründungsmitgliedern des WeinBergWerks sind mittlerweile auch die Esslinger Weingärtner gestoßen. Ihre Paradelage sind die terrassierten Parzellen im Schenkenberg, die unmittelbar hinter der Frauenkirche und dem Neckarhaldentörle beginnt.

Aus den Reben der besten Lagen cuvetieren die WeinBergWerks-Knappen drei Weine in verschiedenen Qualitäten und Preisklassen. Dabei werden die Cuvées in unterschiedlicher Zusammensetzung aus Lemberger, Syrah, Merlot, Cabernet Sauvignon und seinen Neuzüchtungen zusammengestellt. Das sogenannte *Jahrwerk* ist ein fruchtiger, extraktreicher Basis-Wein aus dem großen Holzfass. Beim *Meisterwerk* aus dem Barrique-Fass legen die Kellermeister schon mehr Wert auf die Tanninstruktur und die Sekundäraromen. Von besonders ertragsreduzierten Weinbergen stammt schließlich das *Lebenswerk*, ein hochkonzentrierter Wein mit weichen Tanninen. Doch, so will es die freiwillige Selbstverpflichtung des WeinBergWerks, für ein *Lebenswerk* müssen alle Voraussetzungen für Spitzenqualität stimmen. Tun sie es nicht, fällt diese Marke für diesen Jahrgang aus. Welcher WeinBergWerker am Ende welchen Wein für welche Cuvée beisteuert, spielt nach außen hin keine Rolle. Der Gemeinschaftsgedanke soll im Vordergrund stehen. Und: Hauptsache, das Ergebnis stimmt.

Mit Rosenduft und Muskatnote
Der Wildmuskat vom Amalienhof

»Wildtiere sind intelligent. Die riechen, was gut ist«, sagt Regine Böhringer. Deshalb blieb in der Versuchsreihe am Beilsteiner Steinberg kaum etwas von der neuen Rebsorte übrig. »Wir wussten am Anfang ja nicht, wie er schmeckt«, sagt sie.

1972 hatte Gerhard Strecker den heruntergekommenen Weinberg nebst Bauernhof bei Beilstein gekauft. Den Hof hatte, so heißt es, einst einer der Herren von Helfenberg seiner Mätresse Amalie vermacht – so war der Schritt vom Weingut Strecker zum Amalienhof nicht weit. Bei dem klangvollen Namen ist es bis heute geblieben.

»Mein Vater war ein Hobby-Rebzüchter. Er kannte 1.000 Rebsorten und hatte in jeder Jackentasche ein Edelreis. Wenn eine neue Rebsorte eine Zeile bekam, dann war sie hochgeschätzt«, erzählt Regine Böhringer, die Tochter von Gerhard Strecker. Als sie 1977 von der Schule abging und in die große weite Welt strebte, hieß es: »Bleib doch noch ein Jahr im Weingut.« Ein Jahr, bis ihr Bruder Martin seine Ausbildung in der Weinbauschule abgeschlossen hatte. Aus dem einen Jahr sind mittlerweile über 40 geworden.

Zu dieser Zeit gab es die ominöse Rebsorte, auf die das Wild so wild war, schon rund ein Jahr. Geprägt von Frucht, einem dezenten Rosenbukett und einer Muskatnote, nannte Gerhard Strecker den Spross seines Weinbergs zunächst Muskat-Lemberger. Denn Gerhard Strecker arbeitete damals akribisch daran, durch Selektion dem damals im Ertrag eher schwächelnden Lemberger mehr Vitalität zu geben. Und rein äußerlich betrachtet, sah die neue Sorte ja auch aus wie ein Lemberger – doch das Bukett war komplett verschieden. »Wir wussten damals nicht, ob eine Mutation oder andere Gene dafür verantwortlich waren«, sagt Regine Böhringer. Heute geht man davon aus, dass eine Sorte aus dem Mittelmeerraum, der Noir Hatif de Marseille, diesem Lemberger-Kind seine wichtigsten Eigenschaften mitgegeben hat: Bukett und frühe Reife.

Doch wer die Eltern waren, ist für Regine Böhringer allenfalls eine Randnotiz wert. »Wer fragt bei Prominenten, wie die Eltern heißen?« Wichtig ist ihr der Wildmuskat, wie die Sorte seit dem Jahr 2000 heißt, der, immer noch im Versuchsanbau, nur auf dem Amalienhof wächst.

Der Amalienhof gewährt einen der schönsten Blicke ins Unterland

Alle Kraft geht vom Boden aus
Hartmann Dippon – Biowinzer in Beilstein

»Naturland, Bioland oder auch Ökovin schenken sich im Grunde nichts – mit Ausnahme von Demeter und seiner biologisch-dynamischen Bewirtschaftung.« Damit hat Hartmann Dippon schon die großen Bio-Anbauverbände im deutschen Weinbau genannt. Er selbst hatte sich 1992 *Naturland* angeschlossen, nachdem er bereits fünf Jahre zuvor die ersten Versuchsparzellen am Beilsteiner Schlosswengert angelegt hatte.

Das Schlossgut Hohenbeilstein, nebst 5,5 Hektar Weinberge unterhalb des Schlosses, hatte sein Vater Eberhard, ein Weingärtner aus Beutelsbach im Remstal, 1959 gekauft. Apropos Schloss: Der Bau entspringt vor allem den romantischen Vorstellungen des Stuttgarter Textilunternehmers Robert Vollmöller, der 1998 die alte Ruine gekauft hatte und sich ein Märchenschloss bauen wollte. Der Plan gelang nur ansatzweise – nach Anfeindungen und einem Brandanschlag gab der Unternehmer, der so gerne ein großes Schloss gehabt hätte, auf.

»Ich galt damals als einer von den Verrückten«, sagt Hartmann Dippon rückblickend auf die Anfangszeiten seines Ökowinzer-Daseins. Der Anlass, dem konventionellen Anbau Adieu zu sagen, lag mehr oder weniger vor der eigenen Haustür. Eberhard Dippon hatte mit dem Weingut auch eigene Quellen erworben. Das Wasser, mit einer Leitung herangeführt, wurde auch an Nachbarn verkauft. »Bis das Wasser durch Nitratbelastung aus der Landwirtschaft nicht mehr zu gebrauchen war«, erinnert sich Hartmann Dippon. »Das war der Anstoß, die eigene Verantwortung zu hinterfragen.« Doch wie den Betrieb umstellen? »In der Schule gab es zu diesem Thema keinerlei Ausbildung«, sagt der Biowinzer. Also holte er sich Rat bei Hermann Schmalzried in Korb, dem Pionier des Öko-Weinbaus in Württemberg. Dennoch, auch Hartmann Dippon musste in den ersten Jahren Lehrgeld bezahlen. Heute sieht er den Bio-Anbau längst in der Gesellschaft angekommen. Auch das Know-how sei für den, der sich auf ökologisch-nachhaltige Wirtschaftsweise konzentrieren möchte, leichter verfügbar. »Angesichts des großen Erfahrungsschatzes, der abrufbar ist, kann man heute eigentlich risikominimiert von konventionell auf bio umstellen.«

Heilbronn. Keine 20 Kilometer von Hohenbeilstein entfernt hat Andreas Stutz sein Weingut. Er hat 1994, nachdem er den Betrieb

Hohenbeilstein – Weingut, Restaurant und Falknerei

Der Weinberg lebt

übernommen hatte, auf Bio-Anbau umgestellt. Zwangsläufig. »Innerhalb kurzer Zeit sind mehrere ehemalige Mitschüler der Weinbauschule an Krebs gestorben. Das war krass«, sagt er. Der Biowinzer ist davon überzeugt, dass es die Spritzmittel der Agrarchemie waren, die seinen Freunden den Krebs gebracht hatten. Also entweder aufhören oder umstellen. Andreas Stutz wählte die zweite Alternative. Auch wenn er sich mittlerweile der Biodynamie im Weinberg verschrieben hat, bleibt er beim Ecovin-Verband. »In den anderen Verbänden tummeln sich auch Landwirte mit allen möglichen Ausrichtungen der Betriebe, vom Getreideanbau bis zur Viehwirtschaft. Ecovin ist ein Fachverband, der sich auf den Weinbau konzentriert«, sagt er.

Alle Kraft geht vom Boden aus – so könnte man einen der gemeinsamen Grundsätze der beiden Biowinzer formulieren. Deshalb kommt beiden kein chemisch-synthetischer Stickstoffdünger in den Weinberg. »Ich sehe mich in der Reihe derer, die Landwirtschaft seit Jahrtausenden ohne Agrarchemikalien betreiben«, sagt Hartmann Dippon. Deshalb wachsen und blühen zwischen seinen Rebzeilen Wildkräuter, Gräser oder auch Leguminosen, die den Boden lockern, Stickstoff aus der Luft binden und auch speichern. Viele Blüten bieten darüber hinaus einen Lebensraum für Insekten. »Es ist schon beeindruckend. Wenn man das Ökosystem unterstützt und gewähren lässt, lösen sich viele Probleme von selbst«, sagt der Beilsteiner Weingärtner.

Begrünung in den Weinbergen, vor allem zum Schutz vor Erosion, ist auch im konventionellen Weinbau schon angekommen. Doch, so Andreas Stutz: »Unter dem gepflegten Rasen ist die Erde tot.« Er hält nichts von der »künstlichen Ernährung« durch Dünger aus den Regalen der Agrarchemie. Auch in seinen Weinbergen gewährleistet vielfältiger Bewuchs eine Durchlockerung des Bodens, sorgen beispielsweise Lupinen und Kompostpräparate für den natürlichen Stickstoffhaushalt. Dazu bringt er in homöopathischen Dosen Hornmist aus, um unter anderem die Vitalität des Bodens und das Wurzelwachstum zu fördern und die Knöllchenbakterien bei ihrer Arbeit zu unterstützen, den Stickstoff im Erdreich verfügbar zu machen.

»Gesunder Boden, gesunde Rebe«, sagt Andreas Stutz. Und doch: Ohne Pflanzenschutz kommt auch der gesündeste Rebstock nicht aus. Tierische Schädlinge werden vor allem durch eine vielfältige Insektenwelt in Schach gehalten. Denn wo es Schädlinge gibt, gibt es in der Regel auch Nützlinge. Verwirrmethoden, durch die männliche Schadinsekten wie der Traubenwickler durch den Einsatz von Sexuallockstoffen von der Paarung abgehalten werden, ergänzen den Handlungsspielraum. Doch wenn es um Pilzerkrankungen geht, wie den Echten und den Falschen Mehltau, muss auch der Biowinzer zur Spritze greifen. Um Kupfersalze, auch in Verbindung mit Schwefel, Backpulver oder Pflanzenölen, kommt der Biowinzer gegen den Pilzbefall nicht herum. »In den Dosen, in denen wir Kupfer ausbringen, ist es kein Problem«, sagt Andreas Stutz mit Blick auf die Kritik, Kupfer würde sich als Schwermetall im Boden anreichern.

Doch weniger spritzen zu müssen, ist allemal besser. Da sprechen Hartmann Dippon und Andreas Stutz dieselbe Sprache. Beide sind deshalb davon überzeugt, dass pilzwiderstandsfähigen Rebsorten – vom Cabernet Cortis bis zum Regent bei den Rotweinen, vom Johanniter bis zum Cabernet Blanc bei den Weißen – die Zukunft gehört. Wenn im Vergleich zu konventionellen Rebsorten auf rund zwei Drittel der Spritzfahrten verzichtet werden kann, ist dies nicht nur ein ökologisches Argument, sondern auch ein ökonomisches.

»Schmeckt bio besser als konventionell?«, fragen vielfach Fernsehköche mit bedeutungsschwerer Miene. Doch darum geht es nicht, zumindest nicht in erster Linie. Es geht vor allem um nachhaltiges Wirtschaften. Und wenn am Ende eine bessere Qualität steht – umso besser. Doch davon ist Hartmann Dippon überzeugt: »In einem besseren Ökosystem wächst auch die bessere Qualität. Die Weine sind komplexer.«

Auf den Bergen kühler Wein
Weingut Herzog von Württemberg, Schloss Monrepos Ludwigsburg

»Goldne Saaten in den Tälern, Auf den Bergen edlen Wein!« – damit lässt Justinus Kerner in seinem Gedicht *Der reichste Fürst*, das sich zur inoffiziellen Württemberger Landeshymne gemausert hat, ausgerechnet den Kurfürsten vom Rhein protzen, während sich Graf Eberhard im Bart in schwäbischer Bescheidenheit üben muss. Dabei hätte er nicht minder goldene Saaten zu vermelden gehabt, beispielsweise auf den fruchtbaren Lössböden des Oberen Gäus, noch heute eine der Kornkammern Württembergs. Vom kühlen Wein ganz zu schweigen. Seit 1289 ist der Weinbau im Hause Württemberg urkundlich verbürgt und es liegt nahe, dass das Adelsgeschlecht schon früher auf seinem Grund und Boden Reben angepflanzt hatte. So wird vermutet, dass bereits im 12. Jahrhundert unterhalb der Stammburg, an den Hängen des Württembergs Weinbau betrieben wurde. Aber ob Grafen oder auch Mönche hierfür verantwortlich waren, man weiß es nicht, sagt Dr. Eberhard Fritz, Archivar des Hauses Württemberg. Auch andere Adelshäuser können auf eine lange Weinbautradition verweisen. So beispielsweise das Weingut Graf von Bentzel-Sturmfeder in Schozach, das 1396 zum ersten Mal erwähnt wurde. Oder das Weingut Fürst Hohenlohe-Öhringen, dessen Weinbergsbesitz seit dem Jahr 1360 nachgewiesen ist, und nicht zuletzt Karl-Eugen, Erbgraf zu Neipperg, dessen Vorfahren seit rund 755 Jahren Weinbau betreiben – und von denen es heißt, sie hätten den Lemberger ins Land gebracht. Adel verpflichtet, und so genießen all diese Weingüter einen ausgezeichneten Ruf und die eine oder andere Flasche aus ihren Kellern gehört schon mit zum Besten, was man aus dem Anbaugebiet Württemberg trinken kann.

Das war nicht immer so. Dies räumt Herzog Michael von Württemberg, der Leiter des gleichnamigen Weinguts und jüngster Sohn von Herzog Carl von Württemberg, dem Oberhaupt des Hauses Württemberg, ohne Umschweife ein. In den 80er-Jahren war auch das herzogliche Weingut der Verlockung erlegen, eher große Menge zu produzieren – was der Qualität nicht zuträglich ist. 1997 kam der junge Herzog, der in Weihenstephan Landwirtschaft studiert hatte, nach Monrepos, um das Weingut zu leiten. Ohne önologische Ausbildung kümmerte er sich zunächst vor allem um die Kunden. »Ich war grün und habe eine neue Welt kennengelernt. Aber ich habe

Schloss Monrepos – märchenhaftes Ausflugsziel und Sitz des herzoglichen Weinguts

auch schnell erkannt, dass wir die Qualität, die andere erzeugten, selbst nicht hatten«, sagt er. Deshalb holte er sich Rat bei den Kollegen vom Verband der Prädikatsweingüter, um die Stellschrauben für mehr Qualität neu zu justieren. Die Umstellung im Weingut war am Anfang nicht leicht, aber sie gelang. »Der Kellermeister hat die Schlüsselposition im Weingut inne. Ich kann Herzog sein, so viel ich möchte – wir brauchen gute Mitarbeiter. Es ist ein Qualitätsmerkmal, gute Mitarbeiter zu haben. Wir haben sie«, sagt Herzog Michael.

Das Haus Württemberg hat schon früh auf Qualität im Weinbau geachtet. Gleich nach dem Dreißigjährigen Krieg, als Herzog Eberhard III. mit der Gründung des Vorläufers der heutigen Hofkammer das Privatvermögen der Herrscherfamilie vom Staatseigentum trennte, kaufte seine Gemahlin Herzogin Anna Catharina den Steinbachhof bei Gündelbach. Der Hof wurde zwar im letzten Jahrhundert wieder verkauft, die erstklassigen Weinberge blieben aber im Besitz der Hofkammer. Ausgezeichnete Lagen sicherte sich die Familie in den folgenden Jahrzehnten mit dem Stettener Brotwasser, am Untertürkheimer Mönchberg und vor allem am Mundelsheimer Käsberg. Nach Rebflächen am Hohenhaslacher Kirchberg 1812 kamen 1872 auch Teile des Maulbronner Eilfingerbergs in den Besitz des Hauses. Beim Kauf des Eilfingerbergs, der schon seit den Maulbronner Mönchen als erstklassige Weinlage galt, führte ein Unterhändler der damals schon königlichen Familie die Verhandlungen. »Sonst wäre der Preis wahrscheinlich doppelt so hoch gewesen«, sagt Herzog Michael. Ob Monarchie, ob Demokratie – es hat sich offen-

Herzog Michael von Württemberg im Mundelsheimer Käsberg

bar nichts geändert. Könige oder der Staat müssen beim Einkaufen eben etwas tiefer in die Tasche greifen.

Noch bevor Johann Caspar Schiller, der Vater von Friedrich Schiller, unter Herzog Carl Eugen Leiter der herzoglichen Hofgärten wurde, hatte er unter anderem auch Vorschläge erarbeitet, den Weinbau und damit auch das Produkt Wein zu verbessern. Neben Gedanken zum Terroir oder auch Standorten für unterschiedliche Rebsorten hatte Schiller in seinen 1767 veröffentlichten Gedanken zum Weinbau bereits erkannt, dass die Arbeit an einem guten Wein nicht im Weinberg endet und man nach der Lese keinesfalls die Hände in den Schoß legen dürfe. Doch es sollten noch einige Jahrzehnte ins Land gehen, bis nach Krisenjahren und Missernten unter König Wilhelm I. neue Maßnahmen zur Verbesserung der Landwirtschaft im Allgemeinen und des Weinbaus im Besonderen ergriffen wurden. Er ließ beispielsweise landwirtschaftliche Musterbetriebe einrichten und auf seinen eigenen Weinbergen mit dem sortenreinen Anbau beginnen. Traubenraspeln, neue Pressmethoden und eine annähernd kontrollierte Gärung brachten Qualitätsgewinne im Keller. Schließlich ließ Wilhelm I. 1825 die Gesellschaft zur Verbesserung des Weinbaus gründen, zunächst ohne durchschlagenden Erfolg bei den einfachen Weingärtnern. Unter Wilhelms Nachfolger König Karl wurde 1868 mit der *Königlichen Weinbauschule* in Weinsberg eine Einrichtung geschaffen, die bis heute weltweit einen ausgezeichneten Ruf genießt: die *Staatliche Lehr- und Versuchsanstalt für Wein- und Obstbau*.

Nachdem Herzog Michael das Weingut der Hofkammer wieder auf Kurs gebracht hatte, sollte auch die Außenwirkung neu ausgerichtet werden. »Wir haben einen guten Namen und verfügen über gute Lagen. Das muss man doch auf den Markt bringen. *Hofkammer* – das klang so nach staatlichem Weingut«, erinnert er sich. So trägt das Weingut seit 2003 den Namen *Herzog von Württemberg*.

Nach gut 20 Jahren als Leiter des Weinguts, übrigens als Angestellter der herzoglichen Familie, ist Herzog Michael auch ohne önologische Ausbildung längst im Keller angekommen. »Ich bin viel mit Kellermeister Moritz Just unterwegs. Es gibt nichts Schöneres als eine Tankprobe im Keller. Das genieße ich. Wein ist ein Teil meines Lebens geworden, das ist vielleicht das französische Blut«, sagt er. Seine Mutter Diane ist schließlich eine Prinzessin von Frankreich. So französisch leger ist auch seine Einstellung zum Wein: »Es bringt einen nicht um, wenn man keinen Wein hat. Aber er versüßt das Leben, wenn man Weinliebhaber ist.«

Die Mutter der Genossenschaften
Marktstabilisator und Dienstleister – die WZG in Möglingen

Sie ist die Mutter der Genossenschaften in Württemberg. Eine Genossenschaft für die Genossenschaften: die Württembergische Weingärtner Zentralgenossenschaft in Möglingen. Kurz: die WZG – 1946 von 45 Winzergenossenschaften als Landeszentralgenossenschaft Württembergischer Weingärtnergenossenschaften in Stuttgart gegründet.

Wenn es um den Weinbau geht, ist Württemberg noch immer größtenteils Genossenschaftsland. Von den rund 11.000 Hektar Rebfläche im Anbaugebiet werden mit rund 7.400 Hektar knapp 70 Prozent von genossenschaftlich organisierten Winzern bewirtschaftet. Missernten und wirtschaftliche Not hatten bis zur Mitte des 19. Jahrhunderts die Weingärtner zusammengebracht. Die wenigsten von ihnen lebten ausschließlich vom Weinbau, denn durch die seit 1522 dank Herzog Christoph bestehende Realteilung in Württemberg wurden die landwirtschaftlichen Betriebe an alle Kinder aufgeteilt, was zu einer Verkleinerung und Zerstückelung der Besitzflächen führte. Außerdem hatten die Winzer in der Regel keine eigenen Keller und damit keine Möglichkeit, an der Wertsteigerung vom Most zum Wein teilzuhaben. Stattdessen mussten sie schauen, dass sie bereits an der Kelter ihren Most schnell an Händler oder Wirte verkaufen konnten. Nicht selten waren sie in ertragreichen Jahren gezwungen, sich gegenseitig zu unterbieten, um nicht auf ihrem Most sitzen zu bleiben. Auf dieser Basis entstanden die ersten Genossenschaften.

So geht es auch heute noch bei der WZG in erster Linie um die Stabilisierung des Weinmarkts im Sinne ihrer Mitgliedsgenossenschaften: Die Schaffung von gemeinsamen Lagerkapazitäten zur Abnahme von Trauben in ertragreichen Jahren. Dies ersparte den Einzelgenossenschaften die Notwendigkeit, solche Kapazitäten vor Ort zusätzlich zu schaffen, die in Jahren mit normalen Erntemengen nicht gebraucht würden. Damit die Anlagen der Zentralgenossenschaften bei durchschnittlichen Erntemengen nicht ungenutzt blieben, verpflichtete sich jede Einzelgenossenschaft, einen Teil ihrer Ernte an die Zentrale abzuliefern.

Dabei ist es bis heute geblieben, wobei es auch Kooperativen gibt, die ihre gesamte Ernte nach Möglingen bringen und dort ausbauen lassen. So überlassen 13 Mitgliedsgenossenschaften von insgesamt 29 der WZG ihre Ernte zum weiteren Ausbau. »Durch diese zusätzliche Lagerkapazität, die damals geschaffen wurde, sollten ein kontinuierlicher Absatz

Eine Weinheimat, ein Markenzeichen

Das stählerne Herz der WZG

und damit auch stabile Preise für die württembergischen Genossenschaftsweine gewährleistet werden«, sagt der ehemalige Kellerei-Direktor der WZG, Alfred Hofmann, der bis Mitte der 80er-Jahre mehr als zwei Jahrzehnte für die Kellerwirtschaft in der WZG verantwortlich war.

Es waren gewaltige Mengen, die nach Möglingen und an ihre ehemaligen Dependancen im Untertürkheimer Fleckensteinbruch – heute als Kellerei ein Betriebsteil des Collegium Wirtemberg – und nach Maulbronn angeliefert wurden. Dabei waren die ersten großen Herausforderungen 1959 und 1960 mit bis zu 15,4 Millionen Litern eher noch ein Klacks gegenüber den Mengen, die bei manchen Jahrgängen in den 70er- und 80er-Jahren zu meistern waren. »1982 wurden von der WZG 48,5 Millionen Liter eingelagert«, sagt der Vorstandsvorsitzende Dieter Weidmann. So groß die Mengen, so groß aber auch die Schwankungen der Ernteerträge. So waren es nach dem Rekordjahrgang 1982 drei Jahre später lediglich 6,2 Millionen Liter. Dieses Beispiel zeigt einen Vorteil des Möglinger Puffers: Weine aus mengenreichen Jahrgängen mussten nicht verramscht werden. Die daraus resultierenden finanziellen Mehrerträge halfen den Einzelgenossenschaften, schwache Jahrgänge zu überbrücken.

Doch mit den Massenertragsorgien in vielen württembergischen Weinbergen ist es spätestens seit 1990 vorbei, als die EU für die einzelnen Anbaugebiete Höchsterträge festlegen ließ. In Württemberg sind dies 110 Liter pro Hektar, in Baden 90 Liter pro Hektar. Dieter Weidmann: »Außerdem haben wir uns in den 90er-Jahren mit einer Qualitätsoffensive neu ausgerichtet.« Das heißt: Es müssen nicht immer die 110 Liter pro Hektar sein. Denn nach dem Massen-Güte-Gesetz wächst die Qualität am Rebstock, wenn die Quantität der Trauben abnimmt. Mit anderen Worten: Es kommt mehr Extrakt in der einzelnen Traube an, wenn der Rebstock weniger Trauben versorgen muss. Der Vorstandsvorsitzende: »Dies hat zu einer deutlichen Qualitätsverbesserung geführt.« Die Lagerkapazitäten in der Zentralgenossenschaft werden deshalb schon lange nicht mehr ausgeschöpft. Die jährliche Abnahme liegt bei rund 21 Millionen Litern. Oft ist es allerdings weniger. Einer der Gründe: »Wir hatten seit dem Jahr 2009 keine großen Ernten mehr.« Unter anderem haben Spätfröste in den Jahren 2011 und 2017 den Winzern zwischen Hohenlohe und Oberer Neckar schwer ins Kontor geschlagen.

Mit der Abnahme von Trauben ist das Aufgabenspektrum der Zentralgenossenschaft noch lange nicht erschöpft. Neben Dienstleistungen für die Mitgliedsgenossenschaften – von der Flaschenspülung bis zu Buchhaltung und IT-Beratung – organisieren die Möglinger auch einen gemeinsamen Einkauf, bei dem rund 30 Millionen Euro im Jahr umgesetzt werden. Von zentraler Bedeutung sind der Ausbau und die Abfüllung von Weinen der Mitglieder, die ihre Trauben komplett oder nur teilweise abliefern. So reifen in den Tanks im Schnitt 500 bis 550 verschiedene Weine, die individuell ausgebaut werden. Außerdem übernimmt die WZG auch für ihre 30 Mitgliedsgenossenschaften die Belieferung und Betreuung des Lebensmitteleinzelhandels und die überregionale Vermarktung. Dazu stehen rund 2.000 verschiedene Weine auf der Verkaufsliste und 260 Aufträge pro Tag wollen dafür bearbeitet werden. »Die Hauptabsatzgebiete sind Süddeutschland und Bayern«, sagt Dieter Weidmann.

Annähernd 60 Prozent der WZG-Weine sind außerhalb von Württemberg in ganz Deutschland zu haben. Nördlich der Mainlinie schätzen die Weintrinker in erster Linie Trollinger, gefolgt von Lemberger und Schwarzriesling. Aber, so Dieter Weidmann: »Deutschland ist der viertgrößte Weinmarkt der Welt und der größte Importmarkt. Alle wollen ins gelobte Land und deshalb ist das Gedränge groß.« Über den Preis sei mit den Importeuren nicht zu konkurrieren. Dafür, so Dieter Weidmann, könne die WZG andere Qualitäten in die Waagschale werfen: die Betreuung der Kundschaft, die Sortimentsbreite, Liefersicherheit und Verlässlichkeit. Sicherheit und Verlässlichkeit sind Tugenden, die einer Mutter gut zu Gesicht stehen – auch bei württembergischen Weingärtnergenossenschaften.

Wein soll Vergnügen bereiten
Bernd Kreis – Weinhändler und Wein-Barista in Stuttgart

Mit der Zukunft des Weinhandels ist es Essig – zumindest für einen großen Teil davon. »Der Online-Handel wird der Sargnagel für 70 Prozent des klassischen Weinhandels«, prophezeit Bernd Kreis. Der einstige Sommelier von Vincent Klinks Wielandshöhe ist einer der bekanntesten Stuttgarter Weinhändler. Dem Lebensmitteleinzelhandel misst er als Konkurrenz nicht allzu große Bedeutung bei. »Diesen Wettbewerber gab's schon immer.« Man könne dies ja durchaus auch positiv sehen: Wenn die Kundschaft dort Spaß am Wein gefunden hat und sich anspruchsvolleren Weinen und damit dem Fachhandel zuwendet. Doch so ganz entspannt schaut auch Bernd Kreis nicht auf die großen Märkte, gerade dann, wenn sie in den Premiumbereich vorstoßen und mit niedrigen Margen die Ware verkaufen. »Aber das muss man den Winzern ankreiden. Ein guter Teil des Erfolgs der deutschen Weine ist Sommeliers und dem Weinhandel zu verdanken. Das wird gerne vergessen.«

Auch mit Weinkritikern und ihren Anhängern hat der streitbare Geist seine liebe Not. Punkte für einen Wein zu vergeben? Ein Irrweg. Das ohnehin fragwürdige Zahlensystem könne nur eine Momentaufnahme ablichten. Das Entwicklungspotenzial eines Weins jedoch bliebe außer Acht. »Wein soll Vergnügen bereiten. Zu sagen, ein Wein unter 92 Punkten schmeckt mir nicht, das ist absurd«, sagt Bernd Kreis.

Der Weinhändler probiert lieber selbst – mehrmals, auch vor Ort –, bevor er einen Wein in sein Sortiment nimmt. Zwei Monate ist er im Jahr unterwegs, um bei seinen Lieferanten hinter die Kulissen zu schauen, neue Kontakte zu knüpfen und neue interessante Weine zu entdecken. »Wir streben lange Partnerschaften an. Deshalb muss die Philosophie des Weinguts zu uns passen und das Preis-Qualitäts-Verhältnis. Ob der Winzer bekannt ist, interessiert mich nicht. Das Sortiment muss durchgängig gut sein.«

Seit 2017 betreibt der leidenschaftliche Weinhändler, der einst der Gastronomie den Rücken kehrte, neben seinem Hauptgeschäft in der Stuttgarter Böheimstraße in seiner Dependance am Schillerplatz eine Weinbar. Ein Ort, zu dem auch junge Menschen kommen, um Wein zu probieren und daran Spaß zu haben. Bisweilen legt der Chef auch Platten auf – von Jazz bis Punk. »Das müssen die Leute eben aushalten.«

Weinhändler, Wengerter, Sommelier, Kritiker: Bernd Kreis

Wengerter und Sonnenanbeter
Stuttgart und seine Weinwanderwege

Einige der schönsten Arten, Stuttgart und seine Umgebung zu erkunden, sind die Weinwanderwege der Stadt. Der Stuttgarter Kessel ist Fluch und Segen zugleich. Einerseits leidet er oft unter mangelnder Frischluftzufuhr und trägt somit nicht unwesentlich zu dem Phänomen bei, das Stuttgart in der Republik einen zweifelhaften Ruf beschert hat. Andererseits verhilft er der schwäbischen Metropole zu einem Attribut, das keine andere deutsche Großstadt aufweisen kann: Weinberge, die sich fast bis ins Herz der Stadt hineinziehen. »An Bergen hoch voll Trauben süß / So tragen guten Wein gewiss / Wenn ich die Wahrheit sagen muss / Ist jetzt und da all Überfluss / Die Bühel grünen von Weinreben / Die alle Jahr gut Most da geben«, pries Nikodemus Frischlin 1575 in seinen Büchern *Von der Fürstlich Württembergischen Hochzeit* Herzog Ludwigs die Landeshauptstadt. Diese Eloge könnte auch eine Steilvorlage für den Slogan gewesen sein, den sich die Werbestrategen 400 Jahre später für die Stadt ausgedacht haben, der aber schon längst wieder in der Mottenkiste des Stadtmarketings verschwunden ist: *Stuttgart – Großstadt zwischen Wald und Reben.* »Das war in den 80er-Jahren en vogue – und trifft inhaltlich immer noch zu. Stuttgart ist eine grüne, bewaldete Stadt mit unheimlich vielen Weinbergen. Das macht die Stadt aus«, sagt Andrea Gerlach, Prokuristin der Stuttgart-Marketing GmbH. Stuttgart gilt zwar auch als Mercedes-Town und Porsche-City. Doch nur aufs Auto will man die Stadt nicht reduzieren lassen. »Wir haben eindeutig mehr zu bieten als beispielsweise Detroit«, so die Marketing-Expertin. Dabei denkt sie auch an die Höhenzüge, die die Stadt umgeben. Spaziergänger und Wanderer finden hier viele Aussichtspunkte, die eindrucksvolle Blicke hinunter auf die Stadt im Kessel und darüber hinaus ins Umland gewähren. Und da ist nicht zuletzt die Stuttgarter Weinlandschaft, die gleich an mehreren Ecken der Stadt durch Weinwanderwege erschlossen wird. Andrea Gerlach: »Das ist schon einzigartig.« Ihr persönlicher Favorit unter diesen derzeit acht ausgeschilderten Wegen führt vom Neckarufer in Obertürkheim hinauf zu den Weindörfern Uhlbach und Rotenberg, bis zur Grabkapelle und wieder hinunter nach Untertürkheim. Der Weg führt mal mehr, mal weniger direkt vorbei

Herbststimmung über den Weinbergen am Scharrenberg

an einer Reihe von Weingütern und Genossenschaften – exzellente Weinmacher die meisten. Auf halber Höhe des Mönchsbergs fällt der Blick des Wanderers auf einen anderen Hersteller von Premiumprodukten: das Mercedes-Benz Werk Untertürkheim. Doch bei diesem rund vierstündigen Rundweg – sofern man nicht in einer Besenwirtschaft oder einem Weingut verhockt – öffnet sich bereits das Neckartal, hat man die Kessellage eigentlich schon hinter sich gelassen. Dies gilt ebenso für die beiden Routen, die in den Stadtbezirken Hedelfingen und Rohracker beginnen. Vielleicht weniger geschichtsträchtig, aber nicht minder schön sind die Wege, die vom Max-Eyth-See aus dem Neckar folgen oder hinauf zum Burgholzhof führen.

Einer der spektakulärsten Weinwanderwege ist zweifellos der zwischen Heslach und Degerloch. Aus dem Kessel hinauf zum Scharrenberg. Aus dem Dunkel ans Licht. Aus der Metropole in die Natur- und Kulturlandschaft. Vom Marienplatz aus am Marienhospital vorbei geht es auf dem Schimmelhüttenweg zum Teil steil bergan. Auf dem teils geteerten, teils gepflasterten Weg entfliehen nicht nur Spaziergänger dem Großstadttrubel, auch Radfahrer strampeln sich hier fit für die nächste Bergwertung. Schon die ersten Sonnenstrahlen des Jahres fangen sich in den zum Teil über drei Meter hohen Trockenmauern, die die Wärme reflektieren. So sieht man bereits im Februar oder auch März die Sonnenhungrigen an den Mauern lehnen oder auf den Weinbergsstäffelen sitzen, um wie die Eidechsen, die sich zwischen den Mauerritzen tummeln, Licht und Wärme auf-

Die Weinbergschnecke hat an der Trockenmauer eine Rast eingelegt

zusaugen. Und sie genießen die Ruhe, die hier, unweit vom Verkehrsgetöse der Bundesstraße 14, herrscht. »Es ist erstaunlich, wie viele Stuttgarter diese Ecke nicht kennen«, sagt Harald Wetzel.

Er besitzt hier am Scharrenberg einen kleinen Weinberg und ist damit einer von gut zwei Handvoll Freizeit- und Nebenerwerbs-Wengertern, die hier den Weinbau aufrechterhalten. Der Scharrenberg ist eine alte Lage, die schon im 15. Jahrhundert erwähnt wurde. Und sie war zu früheren Zeiten um ein Vielfaches größer als heute. Die aufgelassenen alten Weinberge sind längst verwildert – oder bebaut. Mit 3,5 Hektar gilt der Scharrenberg als eine der kleinsten Lagen der Stadt. Und er ist steil, sehr steil. Deshalb ist in den kleinen Parzellen zwischen den Trockenmauern Handarbeit angesagt. Doch die keinesfalls leichte Arbeit, Boden und Rebstöcke zu pflegen, nimmt Harald Wetzel gerne auf sich. »Es gibt keine Tätigkeit oder kein Hobby, das solch große Freude und Genugtuung vermittelt, als wenn man den eigenen Wein in der Flasche hat«, sagt der Hobby-Winzer. Auf seinem ökologisch bewirtschafteten Weinberg stehen Cabernet Franc, Dornfelder – und Trollinger. Die württembergische Paradesorte darf in dieser Herzlage der Landeshauptstadt natürlich nicht fehlen.

Auch nicht bei seinen Nachbarn, die obendrein Riesling, Kerner oder auch Lemberger im Anbau haben.

Auch wenn für einige der Scharrenberg-Winzer der Weinbau ein Freizeitvergnügen ist, so ist es doch mit körperlichem und finanziellem Aufwand verbunden. Der soll zumindest ein Stück weit wieder ausgeglichen werden. Zumal den kompletten Ertrag des Weinbergs alleine zu trinken, weder gesund wäre noch möglich ist. Deshalb öffnen meist sechs bis sieben Weingärtner am Scharrenberg stets am zweiten Sonntag im September ihre Weinberge und laden rund um ihre Wengertshäuschen zur Wandernden Weinprobe. Harald Wetzel: »Dabei bietet sich den Gästen ein ganz guter Überblick über die Weine, die hier produziert werden – und der Querschnitt ist erstaunlich.« Dafür wandern wieder viele den Schimmelhüttenweg hinauf und suchen sich ein Plätzchen auf den Terrassen oder im Weinberg, wo sie Sonne, Wein und den einen oder anderen Imbiss genießen können – bevor sie zum Nachbarn in den nächsten Wengert wechseln.

Besen! Besen! Seid's gewesen
Tradition und Standbein im Weingut Wöhrwag in Obertürkheim

»Besen! Besen! Seid's gewesen« sind nicht nur die Worte des Hexenmeisters in Goethes Zauberlehrling, sie könnten am nächsten Morgen auch dem nicht mehr ganz so seligen Zecher in den Sinn kommen, der am Vorabend erst spät wieder den Weg vom Besen nach Hause gefunden hat. Der Besen – oder auch die Besenwirtschaft – ist eine Institution im Weinland Württemberg – und unter anderem Namen auch anderswo. Straußen oder Straußenwirtschaft im Badischen und in der Pfalz, Buschenschank in Österreich oder Rädle am Bodensee. »Solche zeitweise Schenken (von Wein, den der Weinbauer selbst verkauft) hieß man Busch- oder Straußwirtschaften, weil ein solcher Bauernwirt statt des Schildes einen grünen Ast oder Busch über seiner Tür hinausstreckte«, schreiben in etwa schon die Gebrüder Grimm in ihrem Deutschen Wörterbuch. Es wird Karl dem Großen nachgesagt, der Urvater der Besenwirtschaften gewesen zu sein. In seiner Landgüterverordnung soll er um das Jahr 800 den Weinbauern das Recht eingeräumt haben, ihren Wein an durstige Kehlen selbst auszuschenken – eine frühe Förderung der Selbstvermarktung.

Daran hat sich bis heute nichts geändert. War der Besen in früheren Zeiten auch notwendig, die Fässer vor der nächsten Lese leer zu bekommen, so ist er heute für viele kleine Weingüter eine willkommene Gelegenheit, ein Zubrot zu verdienen. »Neben dem Flaschenverkauf ist der Besen die wichtigste Einkommensquelle«, sagt Christian Wöhrwag, Weingärtner und Besenwirt im Obertürkheimer Weingut Karl Wöhrwag. Aber da der Weinmarkt schwieriger wird, kommt dem Besen eine immer größere Bedeutung zu. Wie bei vielen anderen Weingütern sind die Zeiten, für den Besen die Scheune oder gar die Wohnung auszuräumen, auch bei den Wöhrwags passé. Sie haben einen schmucken Gastraum eingerichtet, in dem es während der 16-wöchigen Öffnungszeit – mehr erlaubt der Gesetzgeber für einen Besen ohne Gaststättenerlaubnis nicht – in der Regel eng, aber gesellig hergeht. Christian und sein Vater Karl sind für den Service zuständig, während Mutter Erika in der Küche unter anderem den legendären Zwiebelrostbraten zubereitet. Wer hierherkommt, sitzt zusammen und rückt zusammen. Wie es sich für einen Besen gehört – denn Reservierungen gibt es in der Besentradition keine.

In einem der schönsten Besen Stuttgarts: Besenwirt Christian Wöhrwag

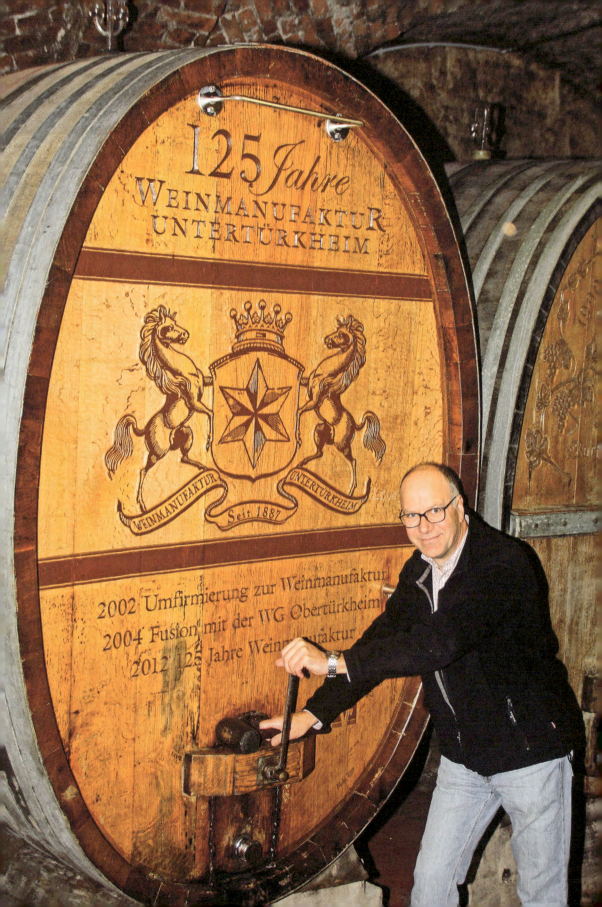

Das Juwel im Kreuzgewölbe
Der Holzfasskeller der Weinmanufaktur Untertürkheim

»Wenn das so ist, dann mache ich keine Serie mit euch, sondern über euch«, soll Felix Huby gesagt haben. Der Autor wollte nicht glauben, was er hörte. Für die Fernsehserie *Der Eugen* mit Walter Schultheiß als Weingärtner Eugen Eisele, hatten Huby und der Süddeutsche Rundfunk den wunderschönen, in den Jahren 1902/1903 gemauerten Kreuzgewölbekeller der Weingärtnergenossenschaft Untertürkheim – heute Weinmanufaktur Untertürkheim – als Szenerie ausgesucht. Auch die großen Holzfässer sollten im Film »bella figura« machen. Indes: Die Genossen hatten den Fernsehleuten mitgeteilt, dass sie drauf und dran wären, die Holzfässer auf den Müll zu kippen.

Sie haben es nicht getan. Ob es an der Drohung des Autors lag oder andere Einsichten zum Tragen kamen – die Antwort liegt im Dunkel der Geschichte. Jedenfalls ist Jürgen Off glücklich, dass ihm auch diese Klaviatur der Weinbereitung zur Verfügung steht. 24 große Weinfässer mit Fassungsvermögen von 3.000 bis 5.000 Liter reihen sich im Keller, dazwischen kleine Holzfässer – vom 225-Liter-Barrique bis zum 500-Liter-Tonneau. »Das ist wirklich ein Juwel. Ich fange im Weinberg damit an, kräftige, stark strukturierte Weine zu bekommen. Im Holz ausgebaut, werden sie rund und harmonisch, ohne ihre Struktur zu verlieren. Der Wein weiß, worin er liegt«, sagt Jürgen Off. 1987 kam er als Stellvertreter von Kellermeister Otto Schaal in die Genossenschaft. Er ließ die alten Holzfässer zerlegen und runderneuern. Dazu begannen die Untertürkheimer 1990, zu Jubiläen und Ehrentagen die Fassböden mit Schnitzereien zu verzieren – ein Hingucker bei jedem Kellerbesuch.

Das Gros der großen Fässer ist mit Lemberger, Spätburgunder und Merlot der Zwei-Sterne-Linie der Weinmanufaktur gefüllt. Im Rest reifen Trollinger oder auch Weißweine. Chardonnay, Riesling und Co dürfen hier auch vom kleinen Holz geküsst werden – Chardonnay eher im neuen Fass, Riesling dagegen im gebrauchten, um die Frucht weitgehend zu erhalten. Dass Jürgen Off ein gutes Händchen auch bei den Roten hat, zeigen mehrere erste Plätze beim Deutschen Rotweinpreis. 2016 wurde er am Rande dieses Wettbewerbs mit dem Roten Riesen ausgezeichnet – für seine Verdienste um den Rotwein und eine über Jahre hinweg ausgezeichnete Rotweinkollektion.

Kellermeister Jürgen Off in seinem schönen Holzfassgewölbe

Die Liebe höret nimmer auf
Die Grabkapelle auf dem Württemberg – Weinblick inklusive

Wie ein antikes Tempelchen thront die Rotunde hoch über Stuttgart – ein romantischer Treffpunkt für Verliebte, eine begehrte Kulisse bei Hochzeitsfotografen und vor allem ein beliebtes Ziel für Spaziergänger. Denn: Die schöne Aussicht über die Weinberge hinweg ist allemal ein paar Schritte wert. An den Hängen unterhalb der Grabkapelle erinnert die Lage Schlossberg an den ehemaligen Stammsitz der Württemberger. Es ist ein weinseliges Stuttgart-Panorama, das sich hier auf die Traditions- und Paradelagen der baden-württembergischen Landeshauptstadt bietet: Der Uhlbacher Götzenberg im Südosten, und jenseits des Neckartals im Südosten stehen die Rebreihen des Wangener Bergs. Über den Herzogenberg und den Mönchberg hinweg – diese Lagen teilen sich Bad Cannstatt und Untertürkheim – weitet sich der Blick nach Nordwesten zum Feuerbacher Berg und der Cannstatter Mönchhalde. Und im Nordosten geht der Blick schön hinüber zu den Nachbarn nach Fellbach und ihrem Kappelberg.

Der klassizistische Sandsteinbau auf der Kuppe des Württembergs ist die Grabkapelle von Königin Katharina von Württemberg. Ihr Mann, König Wilhelm I., hatte ihn ab 1820 von seinem florentinischen Architekten Giovanni Salucci errichten lassen. Salucci, dem die Weingärtner-Genossenschaft Collegium Wirtemberg übrigens eine kräftige Rotwein-Cuvée gewidmet hat, war wohl eine Art Stararchitekt in der Residenzstadt des jungen Königreiches Württemberg. Von seinem Reißbrett stammen auch das Löwentor, Schloss Rosenstein, das Wilhelmspalais und das einstige königliche Reithaus. Nicht zu verwechseln mit der Alten Reithalle am Hotel Maritim, wo der Verband der Prädikatsweingüter Württemberg (VDP) zu seinen Jahrgangspräsentationen lädt.

Als König Wilhelm I. die Rotunde auf die Bergkuppe setzen ließ, hieß der Berg noch Rotenberg, wie der kleine Weinort auf seinem Sattel. Erst 1907 wurde der westliche Ausläufer des Schurwaldes auf Geheiß König Wilhelms II. in Württemberg umbenannt. Denn hier stand seit dem 11. Jahrhundert die Stammburg der Herrscherfamilie. Der älteste Nachweis des Namens »Württemberg« stammt aus einer Urkunde Ende des 11. Jahrhunderts, dem Bempflinger Vertrag, als ein gewisser Konrad von Wirtinsberk als Zeuge auftrat. Und eben jener Konrad, der aus Beutelsbach im Remstal stammt, hatte sich auf dem Bergsporn strategisch günstig eingerichtet. Konrad gilt somit als Stammvater derer von Württemberg.

Romantischer Treffpunkt für Pärchen: die Grabkapelle auf dem Württemberg

Klassizismus in Sandstein

Von der Burg ist jedoch nur der Weihestein der Burgkapelle übrig geblieben, der auf den 7. Februar 1083 datiert ist. Darauf steht, dass Bischof Adalbert von Worms diese Kapelle geweiht hat.

Eine schöne Legende rankt sich um den heutigen Namen des Berges – »Württemberg«. Sie erzählt von einer Kaisertochter, die sich nicht standesgemäß verliebte. Das junge Paar brannte durch und eröffnete nach Irren und Wirren am Fuße des Berges ein Gasthaus. Eines Tages kehrte der Kaiser, der sich auf der Durchreise befand, dort ein. Es kam zum Happy End: Die Tochter offenbarte sich dem verdutzten Vater. Der Kaiser vergaß nach dem unerwarteten Wiedersehen seinen Groll und ließ Gnade walten. Er akzeptierte seinen Schwiegersohn und erhob ihn in den Adelsstand. Sein Beruf als Wirt soll beim Adelsnamen Pate gestanden haben: Wirt am Berg – Wirtemberg. Ende gut, alles gut.

Doch so schön die Legende, so falsch ist sie auch. Und so sicher die Tatsache, dass man der Legende kein Vertrauen schenken sollte, so unsicher bleibt die Herkunft des Namens »Württemberg«. Ein Versuch der Erklärung führt nach Luxemburg, wo sich im Ostteil des Landes ein Widdebierg erhebt. Dessen Name soll sich von der keltischen Gottheit Veraudunus ableiten. Diesem war eine Tafel geweiht, die Archäologen auf dem Widdebierg ausgegraben hatten. Doch andernorts soll Veraudunus nicht in Erscheinung getreten sein. Eine andere Theorie bezieht sich ebenfalls auf die Kelten, auf deren nicht seltene Bezeichnung für befestigte Siedlungen und Anlagen. Virodunum – von »dunum« für »Befestigung« oder »Erhebung« und »vir« als Bezeichnung für »Mann« oder auch »Krieger«. Die befestigte Siedlung auf dem Berg also? Möglich, aber nichts Genaues weiß man nicht.

So oder so. Hier oben hat Katharina Pawlowna, Königin von Württemberg und Zarentochter, ihre letzte Ruhe gefunden. Es heißt, sie habe sich gewünscht, auf dem Rotenberg begraben zu werden. »Die Liebe höret nimmer auf«, hat ihr der königliche Gatte in den Sandstein des Grabmals meißeln lassen. »Ein Denkmal ewiger Liebe«, heißt es in touristischen Beschreibungen. Vielleicht war ja auch ein wenig schlechtes Gewissen dabei, denn der Hofklatsch sagte auch: Auf dem Weg zu einem königlichen Seitensprung folgte Katharina ihrem Wilhelm in frostiger Nacht und leichtem Nachtgewand ein Stück – das Ende vom traurigen Lied: Sie holte sich eine Lungenentzündung und starb schließlich im Januar 1819. Die Monarchin wurde nur 30 Jahre alt.

König Wilhelm hatte seine Cousine, die russische Zarentochter, 1816 geheiratet. Sie war Tochter von Zar Paul Petrowitsch und Zarin Maria Feodorowna, gebürtige Sophie Dorothee v. Württemberg, Schwester von Württembergs erstem König, König Friedrich, dem Vater Wilhelms. Es war für beide die zweite Ehe. Katharinas erster Mann, der oldenburgische Prinz Georg, starb früh. Wilhelm heiratete aus taktischen Gründen, damit er keine Verwandte Napoleons zur Frau nehmen musste, die bayerische Prinzessin Charlotte Auguste. Doch Wilhelm zeigte seiner Gemahlin recht schnell, dass er eigentlich nichts von ihr wollte. 1816 wurde die Ehe geschieden. Da hatte Wilhelm schon ein Auge auf Katharina geworfen. Katharina erwarb sich durch ihr soziales Engagement viel Anerkennung. Sie gründete Ende 1816 den Württembergischen Wohltätigkeitsverein, den Vorläufer des Landeswohlfahrtsverbandes, dessen, wie man heute sagen würde, Vorsitzende sie bis zu ihrem Tod war. Auf ihre Initiative gehen beispielsweise auch die *Sparkasse zum Besten der ärmeren Volksschichten* – die spätere Landessparkasse – und nicht zuletzt die *Lehr- und Erziehungsanstalt für gebildete Stände*, das spätere Katharinenstift, eine höhere Mädchenschule, zurück.

1820, im Jahr der Grundsteinlegung der Grabkapelle, heiratete Wilhelm wieder eine Cousine – Pauline, die Tochter seines Onkels Herzog Ludwig. König Wilhelm starb 1864 und wurde wunschgemäß neben Katharina in der Gruft der Grabkapelle beigesetzt.

Das Collegium Wirtemberg hat den beiden weitere Denkmäler gesetzt – in Wein, versteht sich: mit *Wilhelm*, einem würzigen Trollinger und *Katharina*, einem dichten, vollen Riesling.

Die Kelter mit dem Panoramablick
Das Collegium Wirtemberg – Stuttgarts größte Genossenschaft

»Stuttgart ist viel schöner als Berlin ...«, sangen die deutschen Schlachtenbummler beim Spiel um Platz 3 bei der Fußball-Weltmeisterschaft 2006 im damaligen Stuttgarter Gottlieb-Daimler-Stadion. Den Wahrheitsgehalt dieser Botschaft mag jeder für sich selbst entscheiden. Sicher ist, die Fußballarena liegt von einem der schönsten Plätze der baden-württembergischen Landeshauptstadt aus voll im Blickfeld: Die Terrasse der Rotenberger Kelter, einer der Standorte des Collegium Wirtemberg. Diese Genossenschaft, die größte Stuttgarts, ging im Jahr 2007 aus der Fusion der beiden Kooperativen von Rotenberg und Uhlbach hervor.

»Das war segensreich für beide Ortschaften. Aus zwei guten Häusern ging etwas Besseres hervor«, sagt Martin Kurrle, der als Geschäftsführer und Kellermeister seit 1993 die treibende Kraft hinter dem Qualitätsstreben der Genossenschaft ist. Zunächst nur in Rotenberg, wo der frischgebackene Diplomingenieur für Weinbau und Getränketechnologie 1993 die Qualitätsoffensive begann. »Die Reben kräftig auszudünnen, das war für viele alte Wengerter furchtbar. Aber sie haben sich überzeugen lassen und mich auf meinem Weg unterstützt, nachdem sie die ersten Weine probiert haben«, sagt Martin Kurrle.

Die Grundlagen dazu liegen vor der Haustür. Der Rotenberger Schlossberg und der Uhlbacher Götzenberg gehören sicher mit zum Besten, was Württemberg an Weinlagen zu bieten hat. Dazu kommt Martin Kurrles Ehrgeiz im Keller. »Maischegärung, Hefelager, Barriques – die ganze Klaviatur der Önologie. Das ist meine Leidenschaft«, sagt er. Nationale und internationale Auszeichnungen der Collegiums-Weine sind ein Indiz für Qualität und Ehrgeiz in dieser Genossenschaft. Dies betrifft nicht nur die Premiumprodukte. »Der Gutswein für den Alltag, der maischevergorene Trollinger aus der Literflasche beispielsweise, ist genauso wichtig. In allen Segmenten beste Qualität zu liefern, ist meine Aufgabe.«

Doch Martin Kurrle hat auch ein Händchen für das Marketing. Als die Rotenberger Kelter 1997 umgebaut wurde, hatte das letzte Stündlein für die Wiese hinter der Kelter geschlagen. »Der schönste Platz unserer Kelter war eine Wiese, das konnte nicht sein«, erinnert sich Kurrle. Schnell reifte der Gedanke an eine Terrasse mit Pergola, wo die Kunden und Freunde der Genossenschaft nicht nur den Blick über den Talkessel genießen, sondern auch das eine oder andere Tröpfchen des Collegiums probieren können. Und dies an einem der schönsten Plätze, den die Landeshauptstadt zu bieten hat.

Auf der Terrasse des Collegiums: einer der schönsten Blicke auf die Landeshauptstadt

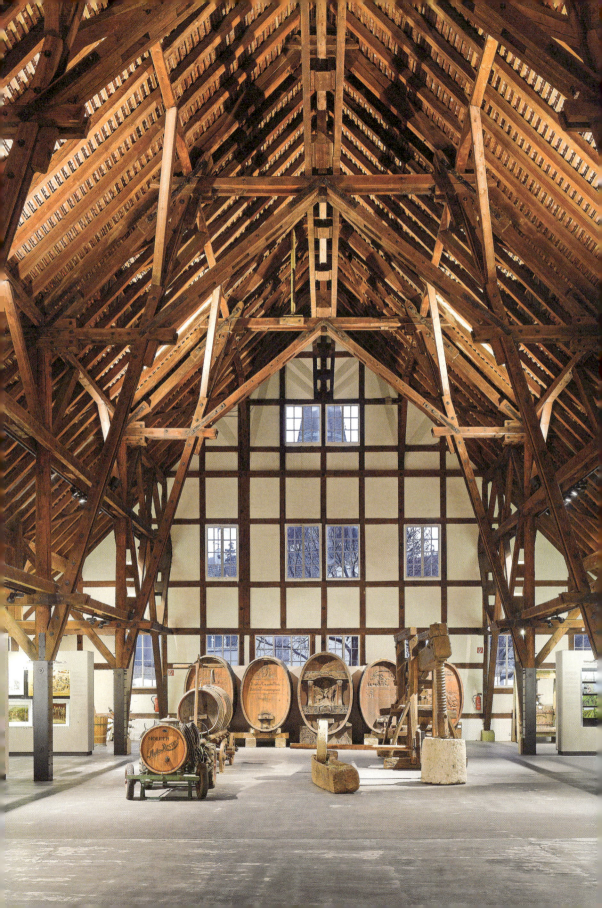

Unterm großen Dach der alten Kelter
Das Stuttgarter Weinbaumuseum und seine Vinothek in Uhlbach

München hat sein Hofbräuhaus, Berlin das Brandenburger Tor und Stuttgart hat seine Weinberge. Auf rund 450 Hektar sind die Hänge rund um das Stadtgebiet mit Reben bestockt – mehr kann keine andere Großstadt weltweit in die Waagschale werfen. Die Quantität ist das eine, aber auch mit der Qualität stimmt es bei den Weinen aus der baden-württembergischen Landeshauptstadt – wie unschwer jedes Jahr im November bei der großen Verkostung von *Stuttgarts beste Weine* nachzuprüfen ist. Zwischen dem Rohracker Lenzenberg und der Mühlhäuser Steinhalde, zwischen dem Feuerbacher Berg und dem Uhlbacher Götzenberg keltern qualitätsbewusste Weingüter und Genossenschaften ausgezeichnete Weine.

Das war nicht immer so. Wie anderswo auch trieben vor langen Zeiten im Stuttgarter Talkessel mitunter Weinpanscher ihr Unwesen. Dem versuchte zwar Herzog Eberhard Ludwig gegen Ende des 17. Jahrhunderts mit einer Anordnung ein Ende zu setzen, doch das klappte nicht immer, wie das Beispiel von Hans Jakob Erni zeigt. Ein Esslinger. Er hatte behauptet, eine »neue vorzügliche Weinschöne« erfunden zu haben, wie Karl Pfaff in seiner Geschichte der Stadt Stuttgart 1846 schreibt. Doch der geschönte Wein hatte für den einen oder anderen Zecher wüste Folgen. So verlor auch der Panscher Erni sein Leben – er wurde 1706 enthauptet, sein Wein wurde ausgeschüttet.

Wann man am Neckar und am Nesenbach mit dem Weinbau begonnen hat, vermag niemand zu sagen. Zwar hatten die Römer an der Altenburger Steige in Cannstatt ein Kastell eingerichtet und unten, am Hangfuß, wurde beispielsweise im Kellergewölbe der Sektkellerei Rilling einst eine Jupitersäule ausgegraben, doch ob die Besatzer bereits an den steilen, sonnenverwöhnten Hängen des Zuckerle Weinbau betrieben haben, dafür gibt es keine archäologischen Zeugnisse.

Auf geschichtlich gesichertem Boden bewegt man sich ab dem Jahr 708. Dem Kloster Sankt Gallen wurde damals der Besitz eines Weinbergs in Cannstatt urkundlich bestätigt. Mit welchen Rebsorten die Weinberge bestockt waren, ist nicht überliefert. Für das frühe Mittelalter vermuten Historiker, dass vor allem Heunisch, Burgundersorten und Abkömmlinge von Wildreben die Fässer füllten.

Gut 1.000 Jahre später hatte der württembergische Hofgärtner und Offizier, Johann Caspar Schiller, der Vater von Friedrich Schiller, in einer

Das Weinbaumuseum mit seiner beeindruckenden Dachkonstruktion

Das Weinbaumuseum beherbergt u. a. Keltern und andere Gerätschaften

Abhandlung über den Weinbau einen Kanon von zwölf Rebsorten, geordnet nach Lagen und Böden, empfohlen. Neben Gutedel, Ruländer und Burgunder war dort auch der Welsche mit seinen großen Beeren und der Notwendigkeit, ihn in besten Lagen zu pflanzen, gelistet – unzweifelhaft: der Trollinger. Riesling, heute die wichtigste weiße Rebsorte im Ländle, war nicht dabei. Mehr noch, Schiller riet 1767 vom Riesling-Anbau ausdrücklich ab. Was wohl vor allem daran lag, dass die spät reifende Sorte in der Regel zu früh geerntet wurde. Doch wenig später, um 1780, führte der Legationsrat und Landschaftskonsultent Christoph Conradin Abel, wie die Beschreibung des Stadtdirections-Bezirks Stuttgart von 1856 vermerkt, den Riesling auch in Stuttgart ein – wohl um mehr Qualität in die Weinberge zu bringen.

Dass dieses Kalkül bis heute weitgehend aufgegangen ist, davon kann man sich unter anderem in der Vinothek des Stuttgarter Weinbaumuseums überzeugen. Seit dem Umbau im Jahr 2012, für beispielhaftes Bauen obendrein mit einem Architekturpreis bedacht, beherbergt das Museum eine moderne, aber dennoch gemütliche Weinstube, in der man die feinen Tröpfchen der Umgebung probieren kann. Die Wein- und Sektauswahl im Regal der Vinothek stammt aus den Kellern von über 20 Weingütern und Genossenschaften der Umgebung und die Weine wechseln von Monat zu Monat. So ist ziemlich sicher, dass der Gast bei weiteren Besuchen in der Vinothek stets andere Weine probieren und bei spontanem Gefallen auch kaufen kann. Dem kleinen Appetit beim Verkosten kann die Küche der Vinothek Genüge tun. Regelmäßig werden hier auch kommentierte Verkostungen von ausgewählten Weinen angeboten – eine vorherige Anmeldung ist dazu allerdings erforderlich. Immer wieder freitags haben Weinfreunde hier die Möglichkeit, mit einer 3er-Weinprobe und einem kleinen Snackteller – ganz ohne Anmeldung – beschwingt ins Wochenende zu starten.

Gleich nebenan, in der Halle des Museums, unter der weit gespannten Dachkonstruktion der alten Uhlbacher Kelter, präsentieren die Museumsmacher die Sammlung aus rund 2.000 Jahren Weinkultur in und um Stuttgart. Weinpressen und Fässer dürfen unter den Exponaten ebenso wenig fehlen wie andere Gerätschaften, den Wein an- und auszubauen. Ein Schaukasten widmet sich beispielsweise der Arbeit des Wengerters, wie der Weingärtner in Württemberg genannt wird. Dazu wurde eigens ein Weinberg-Unterschlupf nachgebaut, der die Winzer bei Wetterstürzen oder bei der Pause vor der heißen Sonne schützen sollte. Eine andere Vitrine widmet sich der Kultur der Besenwirtschaften, und vom Weingenuss erzählt eine Sammlung von Trinkgefäßen ebenso wie eine beachtliche Kollektion von Korkenziehern.

Moderne Museumspädagogik setzt auf die Einbeziehung mehrerer Sinne. Deshalb darf auch die Nase an einer Duftorgel zu ihrem Recht kommen, bei der aus mehreren Öffnungen sortentypische Aromen von Wein verströmt werden. Versteckt hinter einer kleinen Klappe findet der Besucher die Auflösung des Drfträtsels. So beispielsweise, dass Noten vom Apfel oder auch der Grapefruit typisch für den Riesling sind oder auch Ananas- und Quittenaromen sich beim Grauburgunder entfalten können. Damit auch außerhalb der offiziellen Führungen der Hörsinn nicht zu kurz kommt und wertvolle Informationen zu der Ausstellung nicht ungehört bleiben, bietet das Museum die Möglichkeit, sich gegen eine kleine Gebühr einen Audio-Guide auf das Smartphone herunterzuladen.

Wer etwas tiefer in die Weinwelt rund um Stuttgart eintauchen möchte, für den bieten die Stuttgarter Touristiker beispielsweise ein Dreitagesprogramm mit Weinproben im Weinbaumuseum und in Fellbach, mit Wanderung und Neckarschifffahrt an. Übernachtungen können auf Wunsch dazugebucht werden. Nicht ganz so aufwendig, aber nicht minder unterhaltsam sind Weinerlebnisführungen, die in den Sommer- und Herbstmonaten sonntags angeboten werden und natürlich im Weinbaumuseum ihren Abschluss finden.

Traditionsgaststätte mit Herz
Weinstube Ochsen im Stuttgarter Weindorf Uhlbach

»En Uhlbach, em Ochse, da hen mit gottsläschterlich g's …« (für Nicht-Schwaben, ungefähr: »Im Uhlbacher Ochsen haben wir über die Maßen dem Alkohol zugesprochen«) – dieses schwäbische Trinklied, das in unterschiedlichen Varianten kursiert, hat diese Traditionsgaststätte im Stuttgarter Weindörfchen Uhlbach bis weit über die Grenzen der Landeshauptstadt hinaus bekannt gemacht. Auch wenn das bisweilen etwas derbe Liedchen, stets auf die Melodie des Chorals *Lobet den Herren* gesungen, der Gastlichkeit des Hauses weder inhaltlich noch ästhetisch gerecht wird. Doch Uta Wagner, seit rund vier Jahrzehnten mit ihrer Schwester Elke Wirtin des Hauses, nimmt es gelassen. »In den 20er-Jahren waren hier oft Studentenverbindungen zu Gast, die im Gastraum Lumpenliedchen gesungen haben.« Dabei haben sie sich wohl auch das oben erwähnte zusammengereimt.

1883 hatte der Metzgermeister August Wünsch, der Urgroßvater mütterlicherseits der beiden Wirtinnen, den Gasthof samt Metzgerei übernommen. Seitdem ist das Haus in Familienbesitz. Die Gaststube ist gemütlich. Holzgetäfelte Wände, ein Zeitungsstock am Garderobenhaken – und eine ganze Batterie von Weinflaschen an der Theke. Vor allem vom Collegium Wirtemberg, der Uhlbacher und Rotenberger Genossenschaft. »Das Collegium gehört zum Ort und es macht auch guten Wein«, sagt Uta Wagner. Hier trifft man nicht nur Stammgäste. Viele, die beim Spaziergang durch die Weinberge unterwegs sind oder hinauf zur Grabkapelle pilgern, haben eine Einkehr im Ochsen eingeplant. Besonders lauschig ist es draußen in der Gartenwirtschaft unter der großen Kastanie. Die pflanzte Uta Wagners Großvater Otto Wünsch im Jahr 1917 für seinen jüngeren Bruder Richard, der im Ersten Weltkrieg sein Leben verloren hatte.

Rostbraten, Maultaschen – die Küche ist schwäbisch. Und, so Uta Wagner: »Es wird noch richtig gekocht.« Die Soßen werden von Elke Wagner und Küchenmeister Kurt Vogel von Grund auf zubereitet. Jeden Morgen stehen zuerst die Kartoffeln für den Kartoffelsalat auf dem Herd. Dazu haben die Schwestern ein Faible für besondere Spezialitäten. »Mir liegen vor allem auch Raritäten wie Herz oder Leberspatzen am Herzen«, sagt Uta Wagner. Und dafür kommen viele besonders gern – nach Uhlbach, in den Ochsen.

Aushängeschild einer Traditionsgaststätte: der Ochse

Zum Lachen in den Keller
Humor und Weinwissen mit dem Wein-Kabarett Schräglage

Weinmanufaktur Untertürkheim, Seiteneingang. Am großen Tor des Kellereigebäudes warten Elke Ott und Gesa Schulze-Kahleyß. Gleich geht's zum Lachen in den Keller. Nicht im übertragenen Sinn. Hier darf gelacht werden, lauthals. Denn die beiden Frauen machen als das Duo *Schräglage* Kabarett, Wein-Kabarett. »Das ist so etwas wie betreutes Trinken«, sagt Elke Ott. Doch bevor es erst die steilen Stufen hinab und anschließend losgeht, bittet man das Publikum, nötigenfalls, erst noch einmal zur Getränkerückgabe – auf die Toilette.

Gesa Schulze-Kahleyß hat schon lange den Theatervirus im Blut. Schon als Kind reüssierte sie in Heinzelmännchens Wachtparade als Zwerglein auf der Schulbühne. Zwar hat sie als Fahrlehrerin sicherheitshalber noch einen Brotberuf gelernt, doch inzwischen steht sie mit eigenem Programm auf vielen renommierten Bühnen des Landes.

Schauspielschule! Elke Otts Vater war ganz und gar nicht erbaut von den Träumen seiner Tochter. Also lernte sie etwas Vernünftiges und kam spätestens, als sie 2002 bei den Fellbacher Weingärtnern arbeitete, intensiv mit Wein in Berührung. Sie ließ sich zur Weinerlebnisführerin ausbilden, später zur Weindozentin. Elke über Ott: »Riechen, schmecken, süffeln – sensorisch bin ich ganz gut drauf.« Auch die Liebe zur Schauspielerei fand schließlich ihre Erfüllung. Für eine Frauenweinprobe, vielleicht sogar mit kabarettistischen Anklängen, erinnerte sich Elke Ott ihrer alten Bekannten Gesa Schulze-Kahleyß, die sich mit trockenem Humor und scharfer Zunge schon einen Namen gemacht hatte. »Dies war der Beginn einer wunderbaren Freundschaft«, sagt Elke Ott.

Seitdem touren die beiden als Spaßsommerliers mit der Lizenz zum Trinken durchs Land. Denn bei allem Humor, Wein ist eine zu ernste Sache, als dass er auf der Strecke bleiben dürfte. In ihrem Programm nehmen die beiden Gott und die Welt, vor allem aber auch Männer und die Weinszene auf die Schippe. Begleitet eine kleine Weinprobe das Programm, wie im Keller der Weinmanufaktur, gibt es gut verpacktes Weinwissen obendrauf. Dumm sterben soll ja schließlich keiner. Und so nähert sich das Publikum am Ende eines amüsanten Abends vielleicht der tiefgreifenden Erkenntnis der Schräglage: »Ein Leben ohne Trollinger ist möglich, aber sinnlos.«

Weinkunde mit Witz und Wissen: Elke Ott und Gesa Schulze-Kahleyß

Aus dunklem Keller ins Licht
Ausgezeichnete Architektur der Weinkellerei Kern in Rommelshausen

Das Auge isst mit. Und was für das Essen gilt, muss auch beim Trinken nicht falsch sein. Zumindest nicht beim Wein und dort, wo er seinen Ursprung hat – bei den Erzeugern. Wie der Inhalt der Flasche haben sich in vielen Weingütern und Genossenschaftskellereien im Ländle auch die Keller und Probierstuben in den letzten Jahren zum Teil sehr stark verändert. Gebaut wurde auf den Weingütern schon immer; doch wurde früher der Fokus eher auf die Betriebsgebäude und kleine Verkaufsräume gelegt. Heute investieren Weingüter und Genossenschaften mehr und mehr in repräsentative Bauten, in denen es sich einerseits angenehmer arbeiten lässt und auf der anderen Seite das Produkt besser ins Licht gerückt werden kann. Moderne Architektur ist auch in Württemberg ein Aushängeschild selbstbewusster Weinerzeuger geworden – wenn man nicht ohnehin schon in respektablen Gemächern früherer Jahrhunderte residiert. Doch auch dort kann ein Hauch von Moderne im alten Gemäuer nicht schaden.

Es reicht nicht mehr aus, einen guten Wein zu machen. Die Direktvermarkter haben immer wieder mehr oder weniger zu kämpfen, um sich zu behaupten. Die Konkurrenz ist groß. Vor allem seitdem ihnen der Lebensmitteleinzelhandel mit gut sortierten Weinabteilungen die Kundschaft streitig macht. Ohnehin sind die Zeiten vorbei, in denen die Stammkundschaft vorfuhr und sich für die nächsten Monate den Kofferraum mit einem Vorrat an Weinkisten- und -kartons füllen ließ. Ein Weg, das Terrain zu behaupten, so Friedrich Lörcher, bei der Staatlichen Lehr- und Versuchsanstalt für Wein- und Obstbau in Weinsberg zuständig für Marketing und Tourismus, ist, der Kundschaft ein Weinerlebnis zu vermitteln. Dazu gehören neben ansprechenden Verkaufsräumen auch touristische Elemente wie Kellerführungen, Weinbergspaziergänge oder auch gastronomische Angebote. »Wenn ich vor Ort war und ich hatte ein tolles Weinerlebnis, dann wird ein Schuh daraus«, sagt Lörcher. Das heißt: Wenn das Gesamtprogramm dem Gast gefallen hat, dann greift er auch im Weinregal eher zur Flasche des Weinguts, das ihm dieses Erlebnis beschert hat – oder er fährt bei der nächsten Gelegenheit gleich wieder hin. Denn auf dem Weingut oder der Genossenschaftskellerei erst den einen oder anderen Wein zu verkosten, mit dem Winzer oder Kellermeister

Holz, Glas, Stein gehören zu den wesentlichen Zutaten der zeitgenössischen Weinarchitektur – auch bei der Weinkellerei Kern.

Ein Stück ausgezeichnete Architektur: die Holzfassade der Weinkellerei Kern

über den Tropfen zu reden und am Ende ein paar Fläschchen einzupacken, das ist Lebensqualität. Da kann kein Lebensmittelmarkt und schon gar kein Discounter mithalten.

Der Preis ist nicht alles. Wein ist Kult, Wein ist moderne Lebensart – zumindest bei einem breiten Publikum. Und deshalb soll der hochwertige Rebensaft auch entsprechend präsentiert werden. Eiche rustikal und karierte Vorhänge in den Probierstuben haben ausgedient. Was heißt hier Probierstuben – diese sind inzwischen zu veritablen Verkostungsräumen avanciert, die sich auch schon mal als Veranstaltungsort für größere Gesellschaften oder für gastronomische Angebote nutzen lassen. Dabei ist die Größe nicht das augenfälligste Kriterium. Schnörkellos und geradlinig, wie der Wein sein soll, ist auch die neue Art dieser Weinbegegnungsstätten ausgestattet. Vor allem ein Wesensmerkmal ist ihnen gemein: Licht, das durch große Glasflächen in die Räume fällt. Kerzenlicht-Atmosphäre im Kellergewölbe mit einer ganzen Parade von sauberen Holzfässern in Reih und Glied hat zwar noch nicht ausgedient und heute nach wie vor seine Berechtigung. Doch im Grundsatz gilt die Devise: vom dunklen Keller zu lichtdurchfluteten Räumen. Dazu schaffen oft Elemente aus Naturstein und Holz die Verbindung zum Weinbau – von der Trockenmauer bis zum Fass. Oder die Bauherren lösen sich ganz von den Hinweisen aufs Metier und lassen Bauten entwickeln, die als architektonische Statements allein schon wirken und in Erinnerung bleiben. Vor allem in Österreich und Südtirol ist diese Entwicklung bereits weiter gediehen. Fraglich, ob die grüne, Rebenranken symbolisierende Stahlkonstruktion der Cantina Tramin oder die rostige Blechfassade des Winecenters im Herzen von Kaltern die Hürden bundesdeutscher Bauvorschriften genommen hätten.

Ein Motor dieses neuen Wein-Baus hierzulande sind Architekturpreise, die mal von Architektenkammern oder auch von der Weinwirtschaft ausgelobt werden. So zeichnete beispielsweise die Architektenkammer Rheinland-Pfalz 2013 den Erweiterungsbau des Weinguts Leiss in Gellmersbach mit dem Architekturpreis Wein aus. Klare Linien und verschiedenfarbiger Sandstein prägen die neue Besenwirtschaft und den Präsentationsraum. Das Deutsche Weininstitut verlieh 2013 dem Neubau der Weinkellerei Kern in Rommelshausen den Titel *Höhepunkt der Weinkultur*.

Hier stand am Anfang ein wohlüberlegter Ausbruch aus beengten Verhältnissen. Die Kellerei, 1903 in Stuttgart gegründet und in den 60er-Jahren nach Schmiden umgesiedelt, stieß nach Jahren des Wachstums an ihre räumlichen Grenzen. Das neue Gebäude sollte ein Gegenentwurf werden, sowohl für die Arbeit als auch für die Weinpräsentation. »Für die Entwicklung der Bauweise war wichtig, Mensch, Arbeit und den Wein in den Mittelpunkt zu stellen. Vor allem ging es darum, dass wir uns wohlfühlen, unsere Kunden empfangen und unseren Wein präsentieren können«, sagt Ina Kern. Wohlfühlen, das bedeutet Licht, das durch die Glasfassade fällt. Auch hier galt die Devise »aus dem Keller ans Licht«. Selbst in der neuen Kellereihalle kann bei Tageslicht gearbeitet werden. Im Verwaltungsgebäude sorgen ein Atrium und verglaste Fassaden im Erdgeschoss für viel Tageslicht. Die helle, lichte Vinothek wurde an die Nordseite des Baus gesetzt, um auch im Sommer den Wein ohne Hitze und Schweißperlen verkosten zu können. »Das Nordlicht schafft eine entspanntere Atmosphäre«, sagt Christian Kern, der übrigens für seine Weinlinie *Kesselliebe*, eine Hommage an Stuttgart, 2018 Württembergs Jungwinzer des Jahres wurde. Ein besonderer Blickfang des Gebäudes sind die geschwungenen Linien der Ausschnitte in der Holzfassade, die hügelige Reblandschaften nachskizzieren. Alles in allem: sehr modern und doch nicht kalt. Beste Voraussetzungen für das Auge, einen Schluck mitzutrinken.

Die pure Lust am Formen
Karl Ulrich Nuss und der Strümpfelbacher Skulpturenweg

Ein Nuss kommt selten allein – gerade in Strümpfelbach. In dem malerischen Fachwerkstädtchen ist die Kunst von Professor Karl Ulrich Nuss und seinem Vater Professor Fritz Nuss nahezu allgegenwärtig. Ob im Straßenraum, in der Skulpturenscheune, rund ums Atelier von Karl Ulrich Nuss, oben beim Naturfreundehaus oder eben im Weinberg: Unikümmer und Charakterköpfe zuhauf. Nicht immer unbedingt dem klassischen Schönheitsideals entsprechend, doch dies ist ohnehin eine Kategorie, mit der der Künstler wenig anfangen kann. »Was ist schön? Das ändert sich von Betrachter zu Betrachter. Ich unterscheide zwischen richtig und falsch. Die Natur macht nichts Falsches. Aber wann ist etwas schön? Wenn wir an der Steilküste stehen, und die Wellen brechen sich am Fels – ist das schön? Dann muss man auch einen Kuhfladen schön finden«, sagt Karl Ulrich Nuss. »Eine Plastik ist etwas anderes als ein Mensch aus Fleisch und Blut. Es ist ein Spiel mit den Formen und dem, was ich ausdrücken möchte. Das, was schön ist, ist für einen Plastiker langweilig.«. Eine Sendung, eine Botschaft habe er in seinen Werken nicht. »Was ich mache, das ist die Lust am Formen. Etwas Neues zu schaffen, das es so noch nicht gegeben hat. Da dürfen sich manche Leute gerne darüber aufregen«, sagt der Künstler, der zuletzt viele Mischwesen geschaffen hat. Der intellektuelle Reiz, im Menschen das Tier aufblitzen zu lassen, ist für Karl Ulrich Nuss dabei ebenso Antriebsfeder wie die pure Lust am Formen. Diese Freude am Überraschen lässt in anderen Schaffensperioden den menschlichen Körper oder Teile davon mit geometrischen Figuren zu neuen Kreaturen zusammenfinden. Menschliche Torsi verschmelzen grotesk zu einer neuen Einheit, und über anatomische Anomalien braucht sich der Betrachter bei vielen Werken von Karl Ulrich Nuss ohnehin nicht zu wundern. Auch sie sind Ausdruck am Reiz der Verblüffung, die das Werk des Künstlers durchzieht. So gehört auch die Nacktheit zu den Arbeiten von Karl Ulrich Nuss; ganz unbefangen, natürlich, niemals voyeuristisch. »Seit Jahrhunderten wird der Mensch in seiner Nacktheit künstlerisch dargestellt. Die Titelbilder mancher Zeitungen sind da weitaus skandalöser.«

Auch wenn Karl Ulrich Nuss in Stuttgart geboren wurde, so ist er längst zum Strümpfelbacher geworden. Im zarten Alter von drei Monaten, als die Bombenangriffe des Zweiten Weltkriegs auf die Landesmetropole immer häufiger

Der Meister und seine Werke: Karl Ulrich Nuss

»Paar auf Achse« am Strümpfelbacher Skulpturenpfad

wurden, übersiedelte die Familie Nuss nach Strümpfelbach. »Vermutlich weil es für die Familie hier im Remstal sicherer war«, sagt er. Es sollte noch ein weiteres Jahr vergehen, bis sein Vater sein Atelier ebenfalls nach Strümpfelbach verlegte.

Der Sohn ist wie der Vater Plastiker, kein Skulpteur. »Der Plastiker baut von innen heraus mit Ton auf, beim Skulpteur, der vom Stein oder Holz etwas wegnimmt, ist es umgekehrt.« Und so biete sich ihm als Plastiker die Möglichkeit, am Ende sehr filigrane Formen in Bronze zu gießen. »Mit Bronze kann ich Dinge machen, die mir mit Stein nicht möglich sind. Filigrane Formen bei großen Volumina. Auch das habe ich von meinem Vater übernommen.« Der Vater als Lehrmeister. »Ich mache keinen Hehl

aus dem Stall, aus dem ich komme«, sagt Karl Ulrich Nuss. »Mein Vater hatte Wesentliches zu sagen, nicht nur zu dem, was er gemacht hat. Die Richtigkeit der Form, das habe ich von ihm gelernt, das hat auf mich abgefärbt – und ich wollte nicht mit Teufelsgewalt etwas anderes machen.«

Dies sollte Karl Ulrich Nuss nicht hindern, seinen Weg zu gehen. Von der Ausbildung an der Höheren Fachschule für das Edelmetallgewerbe in Schwäbisch Gmünd her ist er zunächst Ziseleur. Auch in dieser Sparte hat er etwas Zeitloses geschaffen, auch wenn die Mark längst vom Euro abgelöst wurde: Das Porträt von Alt-Bundespräsident Theodor Heuss, das als Relief auf der Zwei-D-Mark-Münze abgebildet war, ist ein Entwurf von Karl Ulrich Nuss. Und so hatten die Bundesbürger zwischen 1973 und 2001, als die Münze im Umlauf war, ohne es zu wissen, einen echten Nuss im Portemonnaie. Nach weiteren Studien etablierte sich Nuss ab 1970 als freischaffender Künstler und wurde fast während der gesamten 70er-Jahre zum Lehrbeauftragten für Plastisches Gestalten an der Fachhochschule für Gestaltung in Schwäbisch Gmünd berufen. Seit dem Jahr 2004 ist der Künstler Ehrenprofessor des Landes Baden-Württemberg.

Und noch etwas hat Karl Ulrich Nuss vom Vater geerbt: die Lust am Sammeln. »Mein Vater hatte schon im Tausch mit Kollegen mit dem Sammeln begonnen«, erzählt der Strümpfelbacher – und er tut es ihm seit rund drei Jahrzehnten gleich. So ist im Laufe der Zeit eine schöne Sammlung der Malerei des Südwestens zusammengekommen, unter anderem mit Werken von Dix, Reiniger und Pleuer, oder Ackermann, Nägele und anderen Stuttgarter Sezessionisten. Viele dieser Werke sind im Museum Stiftung Nuss zu sehen. Einem alten Fachwerkhaus, das Karl Ulrich Nuss vor dem Abriss bewahrt und ihm mit dem Museum eine neue Bestimmung gegeben hat.

Doch Kunst im umbauten Raum zu zeigen, eingeschlossen zwischen Mauern, ist bei Weitem nicht das ausschließliche Anliegen des Künstlers. Schon in seinem Garten eröffnen ganze Gruppen von Figuren neue Perspektiven auf die Natur und ihre Umwelt, zeigen im Wechselspiel des Lichts immer wieder neue Reize. Was lag da näher, als der Garten schon recht voll und das künstlerische Schaffen noch lange nicht zu Ende war, als hinauszugehen, gerade in die Weinberge, die hinter Haus und Atelier beginnen. »Ich bin mit der Idee an die Stadt und die Genossenschaft herangetreten. 2001 haben wir das mit 16 Figuren begonnen – heute sind es zirka 40«, erzählt der Künstler.

Der Weg beginnt im Tal am Parkplatz der Gemeindehalle im Kirschblütenweg. Von dort zieht er sich auf rund 4,5 Kilometern durch die Weinlagen des Altenbergs und des Nonnenbergs. Apropos Wein: Einmal in Strümpfelbach sollte man die Gelegenheit zum Wein nutzen. Unweit des Parkplatzes steht Angelika Reiners Vinothek *Die Traube*, 2018 mit dem Qualitätssiegel der Tourismus Marketing GmbH Baden-Württemberg ausgezeichnet für ein ausgewähltes Sortiment an Weinen der Umgebung inklusive kompetenter Beratung und ansprechenden Räumlichkeiten. Wer lieber direkt zum Winzer geht: Auch einer der gefeierten Nachwuchswengerter des Landes, Marcel Idler, hat in der Nähe sein Weingut. Nicht zu vergessen Andi Knauß am Ortseingang – seine Weine sind allemal einen Zwischenstopp wert, vor allem auch, wenn zur warmen Jahreszeit sein *Sonna-Besa* geöffnet hat.

Weinperlen statt Perlweine
Weingut Kuhnle – Patentierte Wein-Innovation aus Strümpfelbach

Die Chinesen waren schon immer verrückt nach Perlen, stehen sie doch dort symbolisch für Würde, Weisheit und Reichtum. Vielleicht war dies der Zugang für den Strümpfelbacher Winzer Daniel Kuhnle und den Kaufmann Uli Brunner, der schon lange Handelsbeziehungen mit dem Reich der Mitte pflegt, es dort mit Weinperlen anstatt mit Perlweinen zu versuchen. »In China gibt es Weine aus der ganzen Welt, die warten nicht auf das Remstal«, weiß Daniel Kuhnle, der eigentlich schon lange auf dem Wachstumsmarkt China gerne Fuß gefasst hätte.

Nur, wer sagt, dass Wein in Flaschen verkauft werden muss? Aromatische Flüssigkeiten in Alginat zu verpacken, einem Polysaccharid aus Braunalgen gewonnen, ist an sich nichts Neues. Nicht nur in der Molekularküche haben die Köche auf diese Weise Aroma-Bomben geworfen. Doch auf die Idee, Wein darin einzukugeln, ist vor den beiden Remstälern wohl noch keiner gekommen. Jedenfalls nicht mit nachhaltigem Erfolg. Nachahmer dürften es nun allerdings schwer haben, denn Uli Brunner hat sich die Idee gleich patentieren lassen. Und das Know-how, die Perle auf diese Größe wachsen zu lassen, ist ohnehin Firmengeheimnis.

Die mehr oder weniger geschmacksneutrale Hülle entlässt, wenn die Zunge die Perle am Gaumen zerdrückt, fast explosionsartig das Aroma des Inhalts: edelsüßer Riesling, bukettreicher Muskattrollinger oder auch ein kräftiger Syrah. »Die Chinesen stehen auf restsüße Weine«, sagt Daniel Kuhnle mit Blick auf die Restzuckerwerte. Die Geschmacksperlen haben nicht nur Fans im Reich der Mitte gefunden. Der USA-Handel ist ebenso in die Gänge gekommen wie der deutsche Markt. Vorzugsweise gekühlt werden die Weinperlen zu unterschiedlichen Gerichten gereicht, um mit einem kleinen Plopp ihren Inhalt auf die Geschmackspapillen zu ergießen. Weißweinperlen beispielsweise passen zum Spargel, die Rosé-Variante gilt als guter Begleiter für Desserts, Sorbets oder Fruchtsalate und die eher kräftigere Syrah-Kugel hält auch einem frisch gegrillten Steak stand. Nicht nur geschmacklich. Die Perle ist hitzebeständig bis zu einer Temperatur von 160 Grad. Kein Anlass zur Sorge also, dass die Perlen ohne aromareichen Plopp im Mund frühzeitig dahinschmelzen.

Wein – eingekugelt

Wo die kleinen Reben herkommen
Thomas Wahler – Rebveredler in Schnait

Schrrrd – mit einem leisen Knirschen fährt das Messer der Stanze durch das Rebholz. Was eben noch getrennt war, ist jetzt zusammengefügt. Aus Zwei mach Eins. Eben lagen die beiden Reiser noch übereinander in den Aufnahmen der Stanze. Wie für Puzzleteile hat das Messer den geschwungenen Schnitt in die Rebhölzer gesetzt und in einem Arbeitsgang ineinandergeschoben. Das Positiv im Edelreis, das Negativ in der sogenannten Unterlage, die den kleinen Zapfen des Edelreises eng umschließt. Die Form erinnert an den griechischen Buchstaben Omega, weshalb das Ganze auch Omegaschnitt heißt. Damit das Puzzle nicht auseinanderfällt und geschützt ist, wird das Reis in heißes Wachs getaucht, das die Schnittstelle umhüllt. Dies ist die Geburt eines neuen Rebstocks.

Die Prozedur ist umständlich, aber notwendig. Seit um das Jahr 1860 mit amerikanischen Reben auch die Reblaus importiert wurde, gibt es zur Veredelung keine Alternative. In Scharen fielen die Schädlinge über die mit europäischen Reben bestockten Weinberge her und machten ihnen, am Wurzelwerk saugend, den Garaus. Denn im Gegensatz zu ihren amerikanischen Schwestern konnten hierzulande Riesling, Burgunder und Co. dem Wurzelbeißer nichts entgegensetzen. »Dort war die Reblaus schon immer verbreitet und die Reben dort haben gelernt, damit zu leben«, sagt Thomas Wahler, Rebveredler aus Schnait im Remstal.

Die erste Reaktion war, dem Schädling mit der chemischen Keule zu Leibe zu rücken. Doch bei der Entseuchung hat man im Boden alles abgetötet und recht bald festgestellt, dass dies keine Lösung ist. So hat man in den 1870er-Jahren mit der Veredlung begonnen. Das war nichts Neues. »Bereits in der Antike hat man Reben gepfropft, um Wüchsigkeit und Geschmack zu beeinflussen«, sagt der Schnaiter Rebveredler.

So behilft man sich bis heute: Der Rebveredler nimmt amerikanische oder asiatische Unterlagen, also das, was künftig im Boden steckt. Das, was einmal Farbe, Geschmack und Charakter der Trauben bestimmen wird, die Edelreiser, pfropft er oben drauf. Ein Auge, das heißt: eine Knospe, genügt. Doch die Unterlage ist längst nicht mehr das, was in den amerikanischen Urwäldern an den Bäumen entlangrankte. Auch sie wurde selektioniert und weiterentwickelt – manche sind stark wüchsig, andere weniger, und auch für die verschiedenen Bodenarten und ihre Bedingungen gibt es

Edelreis und Unterlage: das Veredelungs-Puzzle

Beim Einschulen der jungen Reben

Spezialisten. Noch heute sammeln Rebzüchter in Kalifornien und Texas solche Urreben, stets auf der Suche nach neuen Qualitäten und besseren Eigenschaften der Pflanzen.

Doch wenn man auch die Vermählung von Unterlage und Edelreis als Geburt des neuen Rebstocks bezeichnen mag, sind dennoch in der Entwicklung zuvor wichtige Schritte notwendig: Die Zucht aus der bestäubten Blüte und die Selektion, um aus dem Rebnachwuchs die besten auszuwählen. Ein kompliziertes Unterfangen. Denn, so Thomas Wahler: »Reben sind schwierig zu kreuzen, da sie sich selbst bestäuben.« Dies gilt es zu unterbinden. Der Mann muss weg. Deshalb werden die Reben vor der Blüte gewissermaßen kastriert, die Staubblätter werden mit großem Zeitaufwand entfernt. Anschließend werden die Gescheine, das sind die rispenartigen Blütenstände der Rebe, vor dem Erblühen in Tütchen eingepackt. Sicher ist sicher. Dann beginnt der Rebzüchter das gezielte Bestäuben mit Pollen vom Vorjahr, der eingefroren zu frischer Vitalität kommt. Durch Kreuzungen entstehen so auch neue Rebsorten. Dabei geht es seit Langem auch darum, gegen Krankheiten widerstandsfähige Reben zu züchten, um den Einsatz von Pflanzenschutz minimieren zu können. Auch hier kommen amerikanische Sorten zum Einsatz, die von Natur aus Widerstandskräfte gegen den Echten und den Falschen Mehltau entwickelt haben. Beides Pilzkrankheiten, die zusätzlich zur Reblaus auch noch eingeschleppt wurden.

Aus den Traubenkernen dieser kontrolliert bestäubten Anlagen werden nunmehr Reben gezogen und je nach Zuchtziel – von Lockerbeerigkeit bis Ertrag – selektiert. Das heißt: Ruten mit guten Eigenschaften werden weiterverarbeitet. Aus ihnen werden Stecklinge geschnitten und so die Bestände vermehrt. Doch auch die etablierten Sorten im Weinberg werden über Klone weitergezüchtet. Auch hier legt die Auslese das Augenmerk auf kräftige, gesunde und sortentypische Rebstöcke. Deren Ruten werden nach dem ersten Frost geschnitten und zu Edelreisern mit einem gesunden Auge eingekürzt. Gewässert und desinfiziert werden sie bei drei Grad eingelagert. Auch die Unterlagen werden jetzt für die Veredlung vorbereitet. Dazu werden sie in der Regel auf eine Länge von rund 30 Zentimetern geschnitten – es gibt aber auch 80 Zentimeter hohe Hochstämme –, und die Augen mit rotierenden Bürsten aus dem Holz gekratzt. Denn schließlich soll das Edelreis treiben – und nicht die Unterlage.

Die Zeit der Veredlung ist gekommen. Die Stanzen schneiden ihre Puzzleteile aus. »Früher, mit dem Schrägschnitt, hat man am Tage rund 2.000 bis 2.500 Reben am Tag veredelt – heute sind es 12.000 bis 14.000 Stück. Vor allem Frauen schaffen diese hohen Stückzahlen«, sagt Thomas Wahler. Eingepackt in feuchten Torf warten die veredelten Rebhölzer im Kühlraum auf die Eisheiligen, denn vorher dürfen sie nicht ins Freiland. Bevor es so weit ist, kommen die Stecklinge noch ins Gewächshaus. Bei 30 Grad beginnt das Gewebe an der Veredlungsstelle zusammenzuwachsen und nach rund drei Wochen regt sich der neue Trieb im Auge des Edelreises. Doch noch haben die Stecklinge keine Wurzeln, wenn sie in den Boden kommen. Und doch wird es auf dem Acker nach rund zwei Wochen, so gegen Ende Juni, grün. Die Reben haben ausgetrieben. Bevor die Triebe jedoch zu lang werden und nach außen kippen, werden die Gipfel abgeschnitten – und damit das Wurzelwachstum angeregt.

Noch einmal heißt es für die jungen Reben umziehen: Im November werden sie gerodet, kontrolliert und versandfertig gemacht. Das heißt: Die Ruten werden bis auf zwei Augen zurückgeschnitten, die Wurzeln eingekürzt und paraffiniert. Frisch gewässert werden die Jungreben büschelweise zu 25 Stück in Folie eingepackt und bis April bei zwei Grad im Kühlhaus gelagert. Denn im April und Mai ist die Zeit, in der wieder Reben gepflanzt werden. Doch auch danach heißt es noch, sich in Geduld zu üben. Thomas Wahler: »Drei Jahre baucht die Rebe mindestens, um den ersten Ertrag zu bringen. Acht Jahre dauert es, bis man einen guten Wein erwarten darf, und 15 bis 20 Jahre für bessere Qualitäten.«

Die Pioniere des Holzwegs
Die Hades-Gruppe – Weingut Ellwanger in Winterbach

Der erste Jahrgang, der 1987 in Schloss Friedrichsruhe präsentiert wurde, erntete ein zwiespältiges Echo. Für die Weinfreaks war es, bei allen Anfangsschwierigkeiten, mit denen die Holzfass-Pioniere zu kämpfen hatten, eine Sensation. Bei der Qualitätsweinprüfung fielen die Weine mit Pauken und Trompeten durch: »Atypisch« und »fehlerhaft« urteilten die Prüfer, die nach Frucht suchten und Holznoten fanden. Zu dieser Zeit war eben noch alles anders. Die Prüfer und das große Publikum standen auf erhitzte Rotweine.

Damals steckte die Hades-Gruppe noch in ihren Kinderschuhen. Ins Leben gerufen hatte sie im Oktober 1986 Rainer Zierock, damals noch unter dem Namen *Studiengruppe kleines Holzfass*. Zierock stammte aus Marbach und war Professor der Weinbauschule im italienischen San Michele all'Adige, doch der Schwabe aus dem Trentino hatte wenig Professorales an sich. Er galt eher als Genie und Rebell, Philosoph und Lebenskünstler. »Rainer Zierock war schon sehr extrem. Aber mit Sicherheit war er der intelligenteste und innovativste Mensch, den ich in der Weinszene je getroffen habe«, sagt Felix Ellwanger, dessen Vater Jürgen Ellwanger die Studiengruppe mit aus der Taufe gehoben hat.

Rainer Zierock hatte in den 80er-Jahren einige seiner Schüler begleitet, die nach Württemberg aufgebrochen waren, um in den hiesigen Weingütern Erfahrungen zu sammeln. Und was er sah, gefiel ihm nicht besonders – Stahl- oder mit Kunststoff ausgekleidete Betontanks bestimmten die Keller, aus denen die Holzfässer mehr und mehr verbannt wurden; Maischegärung passte bei den meisten nicht in die Vorstellung einer modernen Weinbereitung. So hatte Rainer Zierock seine Mission gefunden: Der Einsatz des kleinen Holzfasses sollte auch den Württemberger Wein auf eine andere Stufe stellen. Bei Jürgen Ellwanger aus Winterbach und anderen Betrieben der heutigen Hades-Gruppe rannte Zierock offene Türen ein. Schließlich hatten auch sie sich in der Welt umgeschaut und wussten, dass gerade im kleinen Holzfass die besten Weine in Frankreich oder auch in Italien zur Höchstform aufliefen. »Wenn man etwas Besonderes machen möchte, muss man ausgetretene Pfade verlassen«, sagt Monika Drautz vom Heilbronner Weingut Drautz-Able.

Das war der Beginn für die Auseinandersetzung mit dem kleinen Holzfass. Sie experimentierten gemeinsam, teilten sich die Aufgaben und besprachen die Ergebnisse. »Man wusste damals ja nicht, welches

Das Barrique – gutes Holz für den Wein

Qualitätsstreben als Familiengen: Jörg, Jürgen, Felix und Andreas Ellwanger

Fass sich für welchen Wein eignet. Es gab auch keine Fassvertreter im Land. Und die meisten sprachen auch kein Französisch, um sich bei der Bestellung beraten zu lassen. Und dass Kollegen gemeinsam ihre Weine bewerteten, war damals ebenfalls noch nicht üblich. Das alles war schon wegweisend«, sagt Felix Ellwanger. Denn gleichzeitig wuchs in der Gruppe auch der Wunsch, neue, internationale Rebsorten ins Land zu holen. Warum sollte etwas, das anderswo die Weinwelt in höchstem Maße verzückt, nicht auch an Neckar und Rems, zwischen Stromberg im Südwesten und Lindelberg im Nordosten funktionieren? Die wissenschaftliche Begleitung des Projekts übernahm die Weinbauschule in Weinsberg, in der stets neue Wege im Weinbau geprüft und gegebenenfalls zur Alltagstauglichkeit geführt werden. Die neuen Fässer zur Grundlagenforschung in Sachen Wein und Eiche besorgte Rainer Zierock aus Frankreich.

So begaben sich die Hades-Jünger auf den letztlich erfolgreichen Holzweg. »Wir profitieren heute von dem damals erarbeiteten Wissen, welche Rebsorten im Barrique gewinnen«, sagt Felix Ellwanger, der mit seinem Bruder Jörg heute das renommierte Weingut in Winterbach führt. Dabei haben die Pioniere zunächst auch Lehrgeld bezahlt. Groß war die Auswahl an Fässern mit unterschiedlichen Holzarten, Herkünften, Porengröße oder auch Toastungsgraden. Ungewiss die Zeitspanne, in welcher der Wein im Fass reifen sollte, und hinter manch einen Versuch setzte die Erfahrung ein Ausrufezeichen, diese oder jene Rebsorte oder Qualität künftig nicht mehr im kleinen Holz reifen zu lassen. Felix Ellwanger: »Man hat dazugelernt und ist bald von den Holzhämmern weggekommen. Heute zählt eher die Eleganz, die der Wein im Barrique gewinnt, als das Holzbrett.«

Doch der önologische Erkenntnisgewinn blieb nicht nur in den Reihen der Hades-Gruppe. Diese wurde zur Keimzelle des Deutschen Barrique-Forums, das wenige Jahre später gegründet wurde und mit dem die Pionierarbeit auch auf andere Anbaugebiete ausgedehnt wurde. Ob Weingut oder Winzergenossenschaft: Keiner, der den Anspruch hat, große Weine zu keltern, kann auf das 225-Liter-Fass verzichten. Doch das Fass ist es nicht alleine. Die Qualität entsteht im Weinberg. »Der Ausbau im Barrique ist ein Scheideweg. Mittelmäßige Weine verlieren. Große Weine werden noch größer. Jeder große Rotwein hat Holz gesehen. Er muss eben die Qualität mitbringen, sonst gehört er nicht ins Holz«, sagt Felix Ellwanger.

»Es ist, als ob man eine gute Suppe zur Consommé verfeinert«, beschreibt die Sommelière Paula Bosch den Charme des Barriques. Lemberger, Spätburgunder, Merlot oder auch die unterschiedlichsten Cuvées, bei denen mal Cabernet Sauvignon für das Tanningerüst oder Syrah für die Länge sorgen, reifen in diesem Gebinde zu Besonderheiten heran. Bei den Weißweinen sind es vor allem Sauvignon Blanc, Grauburgunder, Chardonnay oder auch der – oft zu Recht – gering geschätzte Kerner, die, vom Holz geküsst, zu neuer Aromenfülle und Güte gelangen. Und der Riesling? Hier hat sich der Holzweg längst als Irrweg erwiesen. Bei einem trockenen würde die zarte Finesse seiner Aromen unter der Last der Holznoten erdrückt.

Bleibt nur noch die Frage, wieso sich eine solch sinnen- und lebensfrohe Winzergruppe mit dem Namen des griechischen Gottes der Unterwelt schmückt. Denn Wein heißt Sonne, heißt Leben, und die lange Reifezeit im kleinen Holzfass ist alles andere als eine Totenruhe. Zugegeben, Rainer Zierock hatte ein Faible für die griechische Mythologie. Dies mag sich im Namen des Weingutes, das er in der Nähe von Bozen gegründet hatte, widerspiegeln: Dolomytos. Und so lag Hades, der mythologische Bruder des Zeus, auch bei der Namensfindung für die Winzergruppe wohl nicht fern. Doch Hades ist eigentlich ein Akronym und steht für die Initialen der Weingüter Fürst Hohenlohe-Öhringen, Graf Adelmann, Drautz-Able, Jürgen Ellwanger, Sonnenhof und das Staatsweingut Weinsberg. Dass am Ende ein »S« dem Namen zum Opfer fiel – da hatten die sechs Weingüter den Weinfreunden schon ganz andere Dinge zu erklären.

Methusaleme mit drei Schenkeln
Schlössleswengert – Jochen Beurers Museumsweinberg in Stetten

Die Vergangenheit lebt. Zumindest auf einem 14 Ar großen Weinberg oberhalb von Stetten im Remstal. Es ist der Schlössleswengert, gerade mal einen Steinwurf von der Ruine der Y-Burg entfernt. Von diesem aus Steinen gemauerten Kasten ohne Dach und mit leeren Fensterlöchern, gemeinhin »Schlössle« genannt, hat die Parzelle, die eigentlich in der Stettener Paradelage Pulvermächer liegt, ihren Namen. Und Wengert, von Weingarten, ist die landesübliche Bezeichnung für Rebanlagen in Württemberg. Gleich nebenan im alten Gemäuer der Y-Burg soll einst ein Burgfräulein gelebt haben, das den Wein von den Hängen vor der Burg sehr schätzte. So sehr, dass die holde Maid das harte Brot, das sie zu kauen gehabt hätte, lieber in Wein statt in Wasser oder Milch – Tee oder Kaffee waren ja noch nicht angesagt – eingetunkt hatte. Und da die Lage direkt an der Burg von besonderer Güte ist, hat sie einen eigenen Namen bekommen: Brotwasser. Sie ist eine sogenannte Große Lage des VDP-Weinguts Herzog von Württemberg und im alleinigen Besitz des Hauses – hier wächst, ganz nebenbei, der Lieblings-Riesling von Herzog Michael.

Im Schlössleswengert würde sich jeder Mönch oder Knecht, der in der frühen Neuzeit mit Weinbau zu schaffen hatte, vermutlich gleich zurechtfinden. Heunisch und Roter Urban wurzeln hier ebenso wie Gelber Orleans oder auch Räuschling. Die meisten sind Rebsorten, die schon im Mittelalter in Württemberg angebaut wurden. Der heutzutage wenig bekannte Heunisch beispielsweise hat seine Gene an zeitgenössische Stars wie Riesling und Chardonnay weitergegeben. Und der Name »Räuschling« ist keinesfalls ein Versprechen auf seine alkoholische Wirkung, der Name leitet sich vielmehr vom Rauschen der Blätter im Wind ab. Und da ist ja auch noch die Putzscheere. Ein weißer Massenträger, der nach dem Dreißigjährigen Krieg wohl aus Ungarn nach Württemberg gekommen ist und dessen Qualität im 18. Jahrhundert so schlecht war, dass Herzog Karl Eugen den Anbau per Dekret untersagte – lange Zeit erfolglos allerdings.

»Die Putzscheere ist nicht umsonst von der Bildfläche verschwunden. Wir brauchen sie nicht wirklich«, sagt Jochen Beurer, Patron des VdP-Weinguts Beurer, der diesen Museumsweinberg im Jahr 2007 angelegt hat. Damals war das Ganze noch ein von Brombeeren überwuchertes Fleckchen Erde. Und die großen Steine der Trockenmauer, die sich an

Die Y-Burg über Stetten

Das »Teufele« unterhalb der Y-Burg

dem Fußweg hinauf zum Schlössle ziehen, drohten mehr und mehr herauszupurzeln. So reifte bei Jochen Beurer und Ebbe Kögel vom Stettener Kulturverein Allmende die Idee, die Trockenmauer zu restaurieren und einen Museumsweinberg anzulegen.

Dies war zunächst einfacher gedacht als getan. Die Sanierung der Mauer erwies sich als schwieriger und mit rund 60.000 Euro vor allem kostspieliger als angenommen. Spenden wurden gesammelt, Zuschüsse beantragt und Sponsoren aufgetrieben, um die alte Mauer wieder ins Lot zu bringen. Doch dies war nicht die einzige Hürde. Denn die Landesweinverordnung regelte in Baden-Württemberg damals noch sehr streng, was in den Weinbergen gepflanzt werden durfte. Methusalem-Sorten wie die, die Jochen Beurer im Auge hatte, zählten nicht dazu. Doch im Dienste der Wissenschaft und des önologischen Erkenntnisgewinns war schon immer so manches möglich. So sprang im Falle des Schlössleswengerts die Uni Karlsruhe hilfreich zur Seite. Ein wissenschaftlich begleiteter Versuch sollte zeigen, ob solche Uraltsorten auch in der Gegenwart noch für den professionellen Anbau taugen. »Von der Aromatik her wäre die eine oder andere Sorte sicher interessant«, sagt Jochen Beurer, der sich im Berufsalltag aber dann doch lieber vor allem auf seine charaktervollen Rieslinge konzentriert. Heute wäre es vermutlich einfacher, die Idee eines Museumsweinbergs umzusetzen. Zwar führt die Landesweinverordnung nach wie vor eine Liste der empfohlenen Rebsorten für das Anbaugebiet Württemberg. Doch Ausnahmeregelungen für Neuzüchtungen oder auch gerade für althergebrachte Sorten sind heute wohl einfacher zu bekommen. Und so wächst Jahr für Jahr die Anzahl der Rebsorten auf dem rund 14 Ar großen Museumsweinberg und gesellten sich zu Honigler und Affenthaler unter anderem auch so klangvolle Namen wie »Mohrenkönigin« oder auch »Petersilien-Gutedel«.

Doch nicht nur die Rebsorten im Museumsweinberg sind von gestern, zum Teil auch die Art und Weise des Anbaus. Neben modernen Drahtanlagen erlebt hier auch die dreischenklige Kopferziehung ihre Renaissance. Diese Art der Reberziehung, aus dem Stock drei Fruchtruten an jeweils einen Pfahl zu ziehen, wurde in Württemberg zum Teil noch bis in die 1950er-Jahre gepflegt. Vielleicht auch gerade deshalb, weil diese Methode dazu geeignet war, relativ hohe Erträge zu erzielen. Doch dies ist Schnee von gestern und die Dreischenkelerziehung lediglich museales Schauwerk.

Allein beim Schauwerk bleibt es allerdings nicht. Nachdem die erste erhoffte Lese im Jahr 2011 ausfiel, weil die Museums-Reben nach einer extrem kalten Frühlingsnacht erfroren waren, kelterte Jochen Beurer den Jungfernwein eben im Jahr 2012. Seitdem füllt er Jahr für Jahr, je nach Ernte, ein Fass mit dem gemischten Satz. So war es früher Sitte und ist es deshalb auch für einen Museumsweinberg angemessen. Bei einer solchen Weinberg-Cuvée wurden alle Sorten zur gleichen Zeit gelesen und gemeinsam gekeltert. Dies hatte mehrere Vorteile: Erstens musste man zur Lese nur einmal in den Wengert. Außerdem konnten die Weinbauern bei einer Anlage mit früh und spät reifenden Sorten das Risiko von Schäden oder gar Ausfällen durch Witterungseinflüsse geringer halten. Der Nachteil dabei: Wenn systembedingt mal mehr, mal weniger reife Trauben mit in der Presse landeten, war dies der Qualität des Weins nicht immer förderlich. Jochen Beurers gemischter Satz, ein trockener Weißwein mit schöner Frucht und ausgeprägter Mineralität, trägt mit Blick auf die alten Sorten, aus denen er gekeltert ist, den Namen *Rettet die Reben*.

Doch nicht nur die Reben sind im Schlössleswengert ins Schutzprogramm des Stettener Winzers aufgenommen. Die warme Mauer bietet neben Eidechsen auch seltenen Wildbienen Unterschlupf. An der Mauerkrone wachsen neben Rosen und Schwertlilien auch Opuntien und der blauen Natternkopf als Bienenweide. Bei den Reben stehen auf der Terrasse Pfirsich- und Mandelbäumchen. So wie es einst in den Weinbergen üblich war – sie dürfen deshalb auch im Museums-Wengert nicht fehlen.

Sekt in the City
Kessler in Esslingen – die älteste Sektkellerei Deutschlands

Georg Christian von Kessler hätte sicher seine Freude daran, wie heute im Hof des mittelalterlichen Speyrer Pfleghofs, dem Stammsitz der ältesten Schaumweinkellerei Deutschlands, oder im benachbarten Karree 18, der modernen Lounge von Kessler, Sekt probiert und vor allem genossen wird. Und dies glas- oder gleich flaschenweise, je nach Größe der Gruppe. Innenhof und Karree sind das ganze Jahr über, vor allem an Samstagen, ein beliebter Treffpunkt der Esslinger und für Sektfreunde von außerhalb. In der alten Reichsstadt sagt man dazu nur: »Sekt in the City«.

Seit 1832 wird hier am Esslinger Marktplatz Schaumwein hergestellt. Das Wissen, wie die prickelnden Bläschen in die Flasche kommen, hatte der gebürtige Heilbronner Kessler bei der Witwe Barbe-Nicole Clicquot-Ponsardin gelernt – der heute noch berühmten Veuve Clicquot. Im Champagner-Haus der Witwe in Reims war Kessler zuletzt nicht nur Teilhaber und Co-Direktor. Auch waren die Bande zwischen den beiden, daran besteht wohl kein Zweifel, nicht immer nur rein geschäftlicher Natur.

Dennoch, Beziehungen ändern sich. Als Kessler 1826 nach Deutschland zurückkehrte, hatte er bereits Frau und Kinder verloren und seine Dienste bei der Witwe quittiert – nicht unbedingt im Frieden mit der ehemaligen Geschäftspartnerin. Zum Abschied erhielt er dennoch die Anteile des Hauses Clicquot-Ponsardin an der Tuch-Manufaktur in Esslingen. Im selben Jahr gründete der umtriebige Geschäftsmann im ehemaligen Pfleghof des Klosters Kaisheim gemeinsam mit seinem Teilhaber Heinrich August Georgii eine Sektkellerei. Die erste in Deutschland, lediglich einen Steinwurf entfernt vom heutigen Stammsitz.

Jeder Anfang ist schwer. 8.000 Flaschen füllten Kessler und Georgii im ersten Jahr schon ab – wobei die Ausschussrate hoch war: So soll den beiden Sektfabrikanten in den Anfangszeiten rund die Hälfte der Schaumweinproduktion um die Ohren geflogen sein, weil die Flaschen dem Druck noch nicht standhalten konnten. Dennoch, das Unternehmen florierte. »War Eßlingen in alten Zeiten der Hauptsitz des schwäbischen *Weinhandels* nach Oberschwaben und Bayern, so hat sich dieß zwar im Lauf der Zeit geändert; dafür besitzt die Stadt in ihren Mauern ein Etablissement, welches in viel weiteren Kreisen bekannt und bestens empfohlen

Perlenspiel im Glas

In der Sektlounge Karree 18

ist, nämlich die *Weinhandlung der Nachfolger von G. C. Keßler u. Comp.* (Georgii, Weiß und Stitz), deren beliebte *Schaumweine* in einer Quantität von wenigstens 120 Eimern jährlich nicht nur in das ganze Vereinsgebiet, sondern mehr noch in die entferntesten Länder des Nordens und des Orients ausgeführt werden. Begründet wurde das Geschäft 1826 von dem 1843 verstorbenen G. C. v. Keßler, welcher das in der Weinhandlung der Wittwe Clicquot-Ponsardin in Rheims beobachtete Verfahren in Bereitung moussirender Weine auf das vaterländische Weinerzeugniß übertrug und ungeachtet der durch den glücklichen Erfolg im In- und Ausland hervorgerufenen starken Concurrenz den Betrieb so sehr erweiterte, daß vom Jahr 1834 an durchschnittlich 80.000 Flaschen jährlich gezogen werden«, schreiben die Chronisten in der Esslinger Oberamtsbeschreibung aus dem Jahr 1845.

Heute produziert Kessler jährlich rund eine Million Flaschen. Das Gros der Sekte entsteht durch Flaschengärung. Die Premiumsekte wie die Hochgewächse oder auch aus der Vintage-Edition stecken nach wie vor in den Rüttelpulten und werden von Hand gedreht, bis die Hefe im Flaschenhals steckt. Damit die Bläschen im Sektglas in besonders feinen Schnüren aufsteigen, liegen die Premiumsekte zuvor mindestens zwei Jahre auf der Feinhefe. Manche Spitzensekte werden erst nach rund 50 Monaten degorgiert. Seit mit Cavit eine der größten Winzergenossenschaften Italiens Teilhaber bei Kessler ist, stammen die Grundweine Chardonay und Pinot Noir aus dem Trentino. Das Hochgewächs Rosé Brut wird aus 85 Prozent Pinot Noir und 15 Prozent Chardonnay cuvetiert. Die Reben für die Grundweine des Riesling-Jahrgangssekts wachsen vor der Haustür in Esslingen oder auch in den Weinbergen des Hofkammer-Weinguts Herzog von Württemberg. Die Weine für den *Jägergrün*, ebenfalls ein Premium-Rieslingsekt, stammen von Kooperationspartnern in der Pfalz und in Rheinhessen. Für das 200-jährige Firmenjubiläum haben die Esslinger Sektmacher einen Schaumwein aus der Burgunder-Rebe Clevner aufgelegt. Diese Sorte hat Tradition im Hause, schon Georg Christian von Kessler hatte diese Rebsorte in der Flasche veredelt. Wenn zum Jubiläum im Jahr 2026 die Korken knallen, lag der Clevner dann schon stolze neun Jahre auf der Feinhefe.

Gekeltert und gelagert wird aber nach wie vor in den verzweigten mittelalterlichen Kellern sechs Meter unterhalb des Esslinger Marktplatzes. Hier stoßen die Besucher bei Führungen durch die Gewölbe auf ein besonderes Lebewesen. Zottig und schwarz hängt es an der Kellerdecke. Und die Sektmacher hegen und pflegen es. Denn das Wesen ist schon alt. Uralt. Obwohl es Alkohol zu sich nimmt. In früheren Zeiten konnte es sich noch selbst ernähren. Dann, wenn viele Sektflaschen vor dem inneren Druck des Gärprozesses kapitulierten und die Hoffnung der Kellermeister in einem Haufen Scherben und einer schäumenden Lache auf dem Boden endete. Schlechte Zeiten für die Sektmacher, paradiesische Zeiten für den ominösen Kellerbewohner. Es ist ein Pilz, der sich seit Jahrhunderten im und auf dem Mauerwerk des Gewölbes verzweigt. Heute muss er gefüttert werden. Doch dazu reicht es aus, im Keller von Zeit zu Zeit ein wenig Sekt auszuschütten, wenn nach einer Veranstaltung oder Verkosten noch ein paar Reste in den Flaschen geblieben sind. Der aufsteigende Alkohol nährt dann den Pilz. Ein Dienst, den die Kessleriander gerne verrichten. Denn einerseits funktioniert er wie eine natürliche Klimaanlage: Er regelt die Luftfeuchtigkeit und sorgt so bei 12 bis 13 Grad für beste Lagerbedingungen für die Schaumweine des Hauses. Andererseits ist der zottige Geselle recht dominant und duldet keine anderen Pilze in seinem Gewölbe – schon gar keine Schimmelpilze. Dafür leert man doch gerne immer mal wieder ein paar Flaschen Sekt in die Ecke.

Der kalte Hauch der Alb
Der Hohenneuffen und der Täleswein

Deutlich hörbar tuckert der Schlepper zwischen den Rebzeilen den Weinberg am Fuße des Hohenneuffen hinab. Es ist ein alter Holder, der beim Lenkeinschlag seine ganze vordere Partie in die Kurve knickt. Was sonst? Die Firma Holder, aus deren Hause dieser legendäre Weinbergschlepper stammt, hat ihren Sitz im nahen Metzingen. Am Lenkrad des über 30 Jahre alten Veteranen sitzt Gert Kiehlneker. Seit über 70 Jahren kommt er in die Weinberge am Hohenneuffen. Sein Vater hatte 1945 hier den ersten Wengert gekauft.

Der Hohenneuffen und die weithin sichtbaren hellen Mauern der mächtigen Ruine auf 743 Metern – mit seiner überwältigenden Aussicht in alle Himmelsrichtungen ist der Berg ein beliebtes Ausflugsziel. Im Sommer 1948 wurde der Hohenneuffen noch einmal zum geschichtsträchtigen Ort. Bei der Dreiländerkonferenz kamen im Burggasthof Vertreter von Württemberg-Hohenzollern, Südbaden und Württemberg-Baden zu ersten Sondierungsgesprächen für einen vereinigten Südweststaat zusammen. Vor allem die Freiburger Regierung unter Leo Wohleb stand diesem Ziel mehr als skeptisch gegenüber. Da änderten auch vertrauensbildende Maßnahmen wenig – so wird von gemeinsamem Volksliedersingen und eifrigem Zuspruch zum Täleswein berichtet. Es sollte noch fünf Jahre und weitere Konferenzen dauern, bis man sich in Sachen Baden-Württemberg einig wurde.

Zu diesem Zeitpunkt schaffte Gert Kiehlnekers Vater am Hangfuß schon seinen Wengert. »Wir hatten, bis wir 1964 in die Genossenschaft eintraten, immer zwei kleine Fässle gefüllt, die wir an Gasthäuser verkauft haben«, sagt der Neuffener. Die Weingärtnergenossenschaft Neuffen-Teck ist eine der kleineren im Ländle. Ihre rund 28 Hektar Anbaufläche sind verstreut an den Süd- und Südwestlagen der Alb und ihrer vorgelagerten Berge und verteilen sich auf die Gemeinden Neuffen, Beuren, Balzholz, Linsenhofen, Frickenhausen, Kappishäusern, Kohlberg und Weilheim/Teck – der Heimat des sogenannten Täleswein. Der Sitz der Genossenschaft ist am Kelternplatz in Neuffen, wohin die rund 100 aktiven Mitglieder ihre Trauben im Herbst bringen. Die Weißweine werden bereits hier gepresst, die Rotweine eingemaischt. Anschließend werden Most und Maische nach Möglingen zur Zentralgenossenschaft gefahren, wo die Weine ausgebaut werden. Dennoch hat das

Gert Kiehlneker auf seinem Holder-Schlepper

Haus seine Spezialitäten. Den Silvaner *Blaue Mauer* zum Beispiel, ein Premiumwein der Genossenschaft aus ertragsreduziertem Anbau in ausgewählten Parzellen und am oberen Ende trocken ausgebaut, damit der Tropfen auch schön süffig bleibt. Die »Blaue Mauer«, ein Begriff, den Eduard Mörike prägte, steht für die hügelige Kette der Schwäbischen Alb, die im diffusen Licht in Blautönen schillert. »Silvaner gehört einfach zu Neuffen. Ertragsreduziert gibt die einfach einen feinen Wein«, sagt Gert Kiehlneker. Zumal der kalkige Boden ihn schön schlank hält und die fruchtige Frische betont.

Die Leidenschaft seines Vaters für den Weinbau hat der Neuffener vererbt bekommen. Nach der Arbeit ging es für den Nebenerwerbsweingärtner zunächst nachmittags um fünf in den Weinberg. Denn dieser, sagt der heutige Rentner, muss regelmäßig geschafft werden. Da klingt auch ein Stück schwäbisches Pflichtbewusstsein an, das Ererbte zu bewahren. Doch es war nicht nur Pflicht für Gert Kiehlneker, auch Freude. »Es war eigentlich immer interessant und schön. Und im Terrassenweinberg auf der Heide haben wir im Hangschutt des Weißen Jura oft sehr schöne Versteinerungen gefunden«, sagt er. Die Freude vermiesen ihm allenfalls die Wildschweine, die in den letzten Jahren vermehrt in die Weinberge drängen und Schäden anrichten.

Und: Da ist auch ein bisschen Wehmut, wenn der Wengerter an früher denkt. »Früher hat man während der Arbeit immer viele Nachbarn getroffen. Heute ist man oft allein im Wengert«, sagt er. Von den 17 Hektar Rebfläche in Neuffen sind neun in Genossenschaftshand. Doch umgetrieben, so Gert

Hoch über den Weinbergen: der Hohenneuffen

Kiehlneker, wird die Rebfläche von rund 40 Weingärtnern – »und davon sind nicht alle richtige Neuffener.«

Zum Beispiel Petra und Thomas Bächner. Obgleich Remstäler, waren beide familiär mit Weinbau nicht vorbelastet. Dafür haben sie schon immer gern ein Gläschen Wein getrunken, zunächst mit Vorliebe kräftige Rotweine aus Südeuropa. »Wir haben uns schrittweise nach Württemberg zurückgetrunken. Nicht zuletzt wegen der großen Qualität«, sagt Petra Bächner. Was lag also näher, als sich an einem eigenen Weinberg zu versuchen? Auf einem kleinen Stück in der Hebsacker Steillage machten die beiden ihre ersten Gehversuche als Wengerter. »Wir haben uns das Schneiden zeigen lassen, viel ausprobiert und uns einiges angelesen«, sagt Petra Bächner.

Nachdem es die beiden beruflich ins Ermstal nach Dettingen verschlagen hatte, war die Überraschung zunächst groß, dass dies, was an der Hofsteige im benachbarten Dettingen aus der Ferne nach Weinbergen aussah, auch tatsächlich Weinberge waren. Jenseits des Tales, über dem Berg, fasziniert vom Weißen Jura des Hohenneuffens, kaufte Petra Bächner ihren ersten Wengert. Schnell kamen weitere dazu und die gelernte Mediendesignerin beschloss, das Hobby zu ihrem Beruf zu machen. Als überaus erfolgreicher Freizeit-Önologe kümmert sich Thomas Bächner um den Keller und den Ausbau der Weine.

Die Leidenschaft seiner Frau gilt im Weinberg vor allem ihren Burgunderreben – Spätburgunder, Schwarzriesling, Frühburgunder. Dazu bieten die kalkigen Juramergel – ähnlich wie in der französischen Côte d'Or, wo große Burgunder gedeihen – ideale Bedingungen. Andererseits das Klima. »Bei uns schmeckt man den kalten Hauch der Alb«, sagt Petra Bächner, deren Weinberge bis auf eine Höhe von 530 Metern klettern. Die kürzeren Sommer in der Randlage, das Tag-und-Nacht-Wechselspiel von warmer Thermik und Kaltluftströmen kommt vor allem dem Aroma und einer feinen Säure zugute – und lässt die Weine nicht so alkoholischfett geraten. »Kalte Füße und oben trocken, das verleiht dem Wein eine frankophile Note«, so Petra Bächner. Der karge Boden und die Rebschere tun ein Übriges, um die Reben im Zaum zu halten. So steht am Ende ein Ertrag von sehr geringen 20 bis 30 Litern pro Ar beim Spätburgunder, um einen konzentrierten Wein zu erhalten. Die Durchschnittserträge bei den Weißweinen sind ungefähr doppelt so hoch, aber immer noch weit unterm Landesschnitt. Und bei aller Exotik tragen auch Bächners Rieslinge, Kerner oder auch Sauvignon Blancs etwas in sich, was sie von den meisten Weinen des Landes unterscheidet: den kalten Hauch der Alb.

Outlet-City mit 1.000 Jahren Weinkultur
Weinbaumuseum in der Metzinger Kelter

Ein kleines, gefülltes Weinglas – welch eine Eintrittskarte, die der Besucher für einen kleinen Obolus im Metzinger Weinbaumuseum in die Hand gedrückt bekommt. Was darf's sein? Ein Spätburgunder oder ein Schwarzriesling, ein Müller oder auch ein Silvaner? Metzingen mag durch seine Outlet-City heute zwar weltweit einen größeren Ruf genießen, aber einst war es der Wein, der gemeinsam mit der Landwirtschaft den Takt in der Stadt angab. Seit rund 1.000 Jahren wird hier am Metzinger Weinberg und am benachbarten Neuhauser Hofbühl Wein an- und ausgebaut. Selbst im höher gelegenen und eher kühleren Teilort Glems wurde eine Kelter betrieben.

Es waren vor allem die frommen Brüder aus dem Kloster Zwiefalten, die sich hier an den Südhängen um den Weinbau kümmerten. Die Hochzeit der Weinkultur im Ermstal, sagt der Metzinger Weinerlebnisführer Martin Schadenberger, war zweifellos das Mittelalter. Rund 350 Hektar waren damals mit Reben bestockt, heute sind es nicht mal mehr ein Zehntel davon. Von der einstigen Pracht zeugen heute noch die sieben Keltern am Klosterhof. In einer dieser Keltern haben die Metzinger Weingärtner und ihre Vinothek ihr Domizil, eine andere wird als Markthalle benutzt und gleich daneben hat das Weinbaumuseum ein altes, aber schützendes Dach gefunden. Die Keltern waren einst offene Gebäude aus Holzfachwerk mit Krüppelwalmdächern, die zum Schutz über die Kelternbäume gebaut wurden. Die letzte dieser mächtigen Weinpressen aus Eichenstämmen steht im Weinbaumuseum und trägt neben der Jahreszahl 1655 auch das Autogramm ihres Erbauers: »ICH MEISTER WOLFGANGUS PFAF·VON ZWINFALTACH«. Ein Monstrum von Presse: 12 Meter lang und sieben Meter hoch, zusammengefügt aus vier Eichenstämmen.

Doch nicht nur Klöster – neben den Zwiefaltener Mönchen hatten auch die Dominikanerinnen aus Offenhausen in der Stadt einen Weinberg und einen Pfleghof – betrieben im Ermstal Weinbau, ebenso der Adel oder später auch Bürgerliche und die Universität hatten hier Besitztümer. So stammte sogar ein Teil des Deputatsweines für die Tübinger Professoren aus Metzingen. Auch Graf Eberhard wird nachgesagt, dass er sich gerne einen Metzinger einschenkte. So liegt es nahe, dass bei der legendären Hochzeit von Urach, als Eberhard die hübsche Grafentochter Barbara Gonzaga aus Mantua

Blick vom Weinberg über Metzingen in Richtung Reutlingen

Wie ein Kegel scheint sich der Weinberg über Metzingen zu erheben

ehelichte, auch Wein aus dem Ermstal in Strömen floss. Tausende Liter von Wein sollen drei Tage lang aus einem Brunnen geflossen sein, um die 13.000 Gäste bei Laune zu halten.

Doch nichts währt ewig. Nach der Blütezeit und dem herrschaftlichen Besitz waren die Metzinger Weinbauern eher arme Schlucker. »Sie verkauften den frisch gepressten Most direkt an der Kelter an Händler und Gastronomen. Aus dem Trester, der übrig blieb, bereiteten sie sich dann ihren Haustrunk. Weinbau war Kärrnerarbeit«, sagt Martin Schadenberger. Spätestens mit der Industrialisierung verlor der Weinbau an Bedeutung. In den Fabriken war eben mehr zu verdienen. Die neue Zeit begann in der zweiten Hälfte des 19. Jahrhunderts, als auch die Eisenbahn Metzingen erreichte. 1936 schlossen sich die Metzinger Weingärtner zu einer Genossenschaft zusammen. Ihr schlossen sich nach dem Krieg auch Wengerter aus dem Teilort Neuhausen an. Einer der Vorteile für die Mitglieder: »Sie brauchten ihren Wein nicht mehr selbst zu vermarkten«, sagt der Weinerlebnisführer. Heute ist die Weingärtnergenossenschaft Metzingen-Neuhausen eine kleine, aber feine Kooperative, die allerdings ihren Wein nicht mehr selbst keltert, sondern komplett an die Zentralgenossenschaft in Möglingen abliefert.

Ein Stück Industriegeschichte darf im Weinbaumuseum freilich nicht fehlen: Die Holder-Spritze, die erste selbsttätige Rückenspritze aus dem Jahr 1898 – hatte doch die Firma zu Beginn des 20. Jahrhunderts ihren Firmensitz nach Metzingen verlegt. Und in einer Ecke des Museums, wo an einer Station der Wandel der Arbeit im Weinberg dokumentiert wird, ist deutlich die Silhouette des legendären Holder-Traktors – der mit der Knicklenkung – zu sehen. Neben alten Gerätschaften, darunter eine komplette Küferwerkstatt, liefert die Ausstellung auch Informationen zu den unterschiedlichen Reben und Böden, auf denen die Metzinger und Neuhausener Weine gedeihen.

Wer die Weinberge im Ermstal hautnah erleben möchte, dem seien die Weinerlebniswege im Metzinger Weinberg und im Neuhausener Hofbühl empfohlen. Beide sind rund 2,5 Kilometer lang, können aber auch für einen längeren Spaziergang zusammen in einem Stück begangen werden. Die Neuhausener Runde startet am Parkplatz an der äußeren Kelter, der Metzinger Weg am Parkplatz »Am Grünen Häusle« an der Landesstraße nach Kohlberg und Neuffen. Nicht nur für Kinder bieten die Erlebniswege interessante und unterhaltsame Stationen. Beide Wege bezaubern auch durch ihre Aussicht auf die Schwäbische Alb. Hoch droben, am Metzinger Aussichtspunkt mit dem Unterstellhäuschen, das an einen apulischen Trullo erinnert, weitet sich der Blick von Urach über Reutlingen und Tübingen zum Schönbuch. Im Nordosten fällt der Blick auf die grünen Kuppen des Schurwalds. Hier oben steht zur Zeit der Weinlese noch immer ein riesiger Besen – früher war er ein weithin sichtbares Zeichen dafür, dass all diejenigen, die nichts mit den Weinbergen und der Lese zu tun hatten, draußen bleiben mussten. Dabei ist dies, wenn die Blätter der Reben und jenseits des Tales auch die Wälder ihre Herbstfärbung angenommen haben, eine der schönsten Zeiten für einen Spaziergang. Doch auch im Winter braucht man den Weg nicht zu scheuen. »Sobald die Sonne über Glems herauskommt, knallt sie schon früh in die Weinberge. Vor allem die Basaltböden in den oberen Lagen werden richtig warm. Da beträgt der Temperaturunterschied vom Tal zum Berg schon mal drei Grad«, sagt Martin Schadenberger.

Und wenn es die Zeit erlaubt, spricht eigentlich nichts dagegen, den Spaziergang mit einer kleinen Verkostung im Museum oder in der benachbarten Vinothek der Weingärtnergenossenschaft zu krönen. Am Stammtisch im Museum, so heißt es, dürfen auch Gäste sitzen.

Sosehr Metzingen mit dem Wein verwurzelt ist, so sehr ist sein Image durch die Outlets geprägt. Da sind offenbar ostasiatische Pauschalreisende schon einen Schritt weiter. Nach ihrem Tagesordnungspunkt Shoppingtour steht oft noch ein Abstecher an die Keltern auf dem Programm. Martin Schadenberger weiß: »Chinesen stehen auf unseren Eiswein.«

»Hier schafft jeder, wie er denkt«
Sabine Koch und Stefan Haderlein – Nebenerwerbswinzer in Unterjesingen

Viel Wasser ist es nicht, das die Quelltöpfe der Ammer bei Herrenberg dem Bach mit auf die rund 25 Kilometer lange Reise nach Tübingen und zur Mündung in den Neckar geben. Fraglich, ob er je ankäme, würde der Bach auf seinem Weg in Richtung Südwesten nicht durch seitliche Zuflüsse zum kleinen Fluss anwachsen. Nicht minder stellt sich auch die Frage, wie hat es dieser Fluss geschafft, ein solch breites Tal auszuwaschen?

Dazu heißt es, in der Erdgeschichte weit zurückzugehen. Die Ammer war einst ein mächtiger Fluss, der sich vor allem aus dem heutigen Schwarzwaldgebiet speiste. Infolge von Hebungen und fortschreitender Erosion verlor die Ammer in den letzten 60 Millionen Jahren mehr und mehr an Bedeutung, weil ihr am Ende die Nagold und vor allem auch der Neckar das Wasser abgruben.

Das Werk, das die Ammer am Schönbuchhang zwischen Herrenberg und Tübingen hinterlassen hat, ist ein typisches Beispiel des Keuperberglands und seiner geologischen Schichten. Während zum Gäu hin vorgelagert an manchen Stellen auch der wesentlich ältere Muschelkalk zutage tritt, beginnt das geologische Erdgeschoss am Schönbuchhang mit einer Lage Gipskeuper, auf der eine Bank von Schilfsandstein sitzt und darauf die bunten Mergel. Den Trauf der Schönbuchwand schützt hier der widerstandsfähige Stubensandstein. Erst in der Tiefe des Naturparks, am Bromberg oder auch am Steingart, bildet der harte Rätsandstein, gesäumt von Knollenmergelhängen, das Dach des Schönbuchs.

Es ist vor allem die Schicht der Bunten Mergel, in den oberen Lagen auch durchsetzt vom Sand des verwitterten Stubensandsteins, die im Ammertal seit Jahrhunderten mit Reben bestockt wird. Im Mittelalter förderten in erster Linie die Mönche des Klosters Bebenhausen den Weinbau. Die Kleine Eiszeit ab dem 15. Jahrhundert und später der Dreißigjährige Krieg brachten im ganzen Land verheerende Einschnitte im Weinbau. Gleichwohl: Im 17. Jahrhundert zogen sich die Weinberge wieder wie eine Perlenkette zwischen Tübingen und Herrenberg am Schönbuchhang entlang, und selbst im vorgelagerten Reusten mit seinen Muschelkalkböden wurde Weinbau damals betrieben. Übrigens noch heute, weil Hobby-Winzer am Südhang des Kochhartgrabens die eine oder andere Rebzeile pflegen. Der Weinbau im Ammertal hatte aber auch noch weitere Krisen. Zum Ende

Eine ambitionierte Quereinsteigerin: Sabine Koch

des 19. Jahrhunderts hin ging es den meisten Wengertern schlecht. Viele hatten keine Keller und Ausrüstung zur Verfügung, den Wein selbst auszubauen. Deshalb wurde der Most direkt ab Kelter verkauft. Ein Geschäftsmodell, das vor allem den Käufern Vorteile brachte und nicht den Weingärtnern. Aus Nordamerika wurde der Mehltau eingeschleppt, nach der Jahrhundertwende kam mit der Reblaus die nächste Heimsuchung über den großen Teich. Die Wengerter hatten oft weder Kapital noch eine genaue Vorstellung, wie sie ihrer prekären Situation begegnen könnten. Nicht von ungefähr sind heute viele der alten Weinberge mit Obstbäumen bepflanzt. So füllte der Apfelmost mehr und mehr die Gläser: Beispielsweise erhielt auch Kilian Schmid 1894 die Erlaubnis, auf dem Schwärzlocher Hof, in Sichtweite der Unterjesinger Weinberge, Most auszuschenken. Die Schwerpunkte des Weinbaus im Ammertal liegen heute bei Breitenholz in einer wunderschönen Einbuchtung des Schönbuchhangs und im Tübinger Stadtteil Unterjesingen. Hier haben Sabine Koch und Stefan Haderlein rund 1,5 Hektar mit Reben bestockt und bewirtschaften den Weinberg ökologisch.

Die beiden sind Quereinsteiger und arbeiten im Hauptberuf an der Uni in Tübingen: Sie als promovierte Umweltökologin, er hat als Professor einen Lehrstuhl für Umweltmineralogie inne. Und wie kommt man dann zum Weinbau? Bei Sabine Koch, die in Ludwigsburg aufwuchs, hatte vielleicht schon der Großvater, der ein großer Weinfreund gewesen war, den Keim zur Weinaffinität gesät. Nach dem Studium, bei der ersten Arbeitsstelle in Landau in der Pfalz, intensivierte sich die Freude am Probieren.

Im Tal: die Unterjesinger Kirche mit ihrem Dach aus grün glasierten Ziegeln

Schützenhilfe dazu gab bisweilen der Vermieter: ein Weinjournalist.

Als Sabine Koch und Stefan Haderlein schließlich in Unterjesingen landeten und die Weinberge direkt vor der Nase hatten, war der Schritt zum eigenen Wengert, zum eigenen Wein, nicht weit. Zumindest gedanklich. Denn: »Den ersten Weinberg zu bekommen, war recht schwierig. Die Leute waren misstrauisch: Was machen die? Was wollen die? Aber nachdem sie gesehen haben, wie wir arbeiten, sind uns immer wieder neue Weinberge angeboten worden«, erzählt Sabine Koch. Mittlerweile bearbeiten die beiden rund 1,5 Hektar – halb professionell, wie Sabine Koch sagt. 2004 hatte das Ehepaar seinen ersten Jahrgang im Keller, seit 2006 ist das Weingut bio-zertifiziert. Sie haben sich damals dem Verein Ökologischer Weinbau angeschlossen. »Das hat uns viel geholfen. Bei Versammlungen haben wir Tipps von Profis erhalten und die Berater kommen mehrmals in der Vegetationsperiode«, so die Unterjesingerin. Doch damit ist auch schon Schluss mit organisierter Weinbau-Gemeinsamkeit: Genossenschaften gibt es im Ammertal nicht. »Hier schafft jeder, wie er denkt und kann. Deshalb herrscht auch so eine unglaubliche Vielfalt im Tal«, sagt Sabine Koch. Das gilt gleichermaßen auch für die Rebhänge, die nie einer Flurbereinigung unterzogen wurden.

Dies bedeutet auch, dass die steileren Lagen von Trockenmauern durchzogen sind. Und die müssen gepflegt werden. Das ist, neben dem Ausbau des Weins im Keller, in den Wintermonaten vor allem der Job von Stefan Haderlein. Er hat gelernt, mit Fäustel, Spitz- und Flachmeißel umzugehen und mit Kraft und viel Geduld marode Trockenmauern fachgerecht wiederaufzubauen. Der Lohn der Mühen: Intakte Weinberge, in denen auch Riesling und Spätburgunder bestens zurechtkommen. Die Vegetationszeit ist im Oberen Neckartal zwar etwas kürzer als im Unterland, doch das Kleinklima am Südhang des Schönbuch ist wärmer und trockener als im Umland. Dazu profitieren die Ammertal-Wengerter auch vom Klimawandel, der ihnen im Jahresdurchschnitt ein wenig mehr Wärme beschert. Dank einer Meereshöhe von bis zu 500 Metern und der Kaltluft, die in der Nacht vom Schönbuch herabfließt, wird es noch nicht zu warm für die beiden Flaggschiff-Rebsorten. Auch pilzwiderstandsfähige Sorten haben Sabine Koch und Stefan Haderlein im Wengert stehen, dort, wo die Lage es erfordert. So haben Regent, der lange im Holz reifen muss, oder auch der aromatische Cabernet Blanc ihre Fangemeinde. Dennoch sagt die Winzerin: »Wir haben noch keine Piwi-Sorte gefunden, die die Klassiker ersetzen kann.«

Das Fass muss durch das Feuer
Küferei Streib in Mössingen

Durch die Ritzen der Hölzer flackert der Feuerschein. Was noch aussieht wie ein überdimensionaler Lampenschirm, wird bald ein Fass sein. Am oberen Ende halten schon Reifen aus Stahl den Ring der Fassdauben zusammen. Dort, wo einmal das Fass auf seinen Lagern liegen wird, an der Unterseite, hat der Küfer die besten Dauben verwendet. Denn dort ist der Druck des Weines auf das Holz am größten. Über dem Feuer, am unteren Ende, stehen die dicken Bretter noch auseinander. Doch nicht mehr lange. Matthias Streib hat bereits ein Drahtseil um die Dauben gelegt. Innen Hitze und außen Wasser – immer wieder bespritzt der Mössinger Küfer die Fassdauben, um das starke Eichenholz gefügig zu machen. Ohne den heißen Dampf, der bei der Prozedur entsteht, würden die Dauben unter der Zugkraft des Drahtseils brechen.

Der Küfer vom Fuße der Schwäbischen Alb arbeitet mit heimischem Holz. Seine Eichenstämme kauft er im Rammert – einem bewaldeten Höhenzug südwestlich von Tübingen und somit vor der Haustür des Küfers – und im Schönbuch, Baden-Württembergs erstem Naturpark, der die grüne Lunge zwischen den Industriezentren von Stuttgart und Reutlingen bildet. Matthias Streib setzt auf Regionalität und kurze Wege. »Je weniger Diesel dabei verbraucht wird, desto besser für die Umwelt«, sagt er. Mit der Lust auf schwäbische Eiche ist der Mössinger aber nicht alleine bei den Versteigerungen. Spätestens seit Anfang der 90er-Jahre, nachdem der Orkan Wiebke in den französischen Wäldern noch viel mehr wütete als hierzulande, suchen die großen französischen Fassmacher auch Nachschub im Süden Deutschlands, auf der Alb und im Schönbuch, im Spessart und im Schwäbischen Wald.

Ist die Herkunft ausschlaggebend? »Es gibt schon Unterschiede im Holz«, sagt der Mössinger, der seine Ausbildung in der Pfalz gemacht hat, bevor er in den Familienbetrieb eingestiegen ist. Pfälzer Eiche sei noch feinporiger als die schwäbische, da sie auf noch trockeneren Standorten wächst. Ihre französischen Schwestern stehen tendenziell auf feuchterem Grund, wachsen schneller und entwickeln dabei größere Poren. »Für die Verarbeitung spielt das keine Rolle, das ist mehr ein Aspekt für die Sensorik. Aber dabei ist noch viel wichtiger, wie das Holz verarbeitet ist«, weiß der Fassmacher. Dennoch: Die Weine aus schwäbischer Eiche fallen in

Feuer und Wasser machen die Eiche gefügig

Mathias Streib prüft den mächtigen Eichenstamm, aus dem einmal Fässer werden sollen.

der Tendenz weniger opulent, dafür fruchtig, elegant und mit weniger Gerbstoffen aus. Französische Hölzer punkten dagegen vor allem beim Austausch von Gerbstoffen.

150 Jahre alt müssen die Bäume schon sein, mindestens. Erst dann sind sie dick genug, um im Frühjahr für die Fassproduktion aufgesägt zu werden. Doch zuvor werden die Stämme genau in Augenschein genommen. Auf die Maserung des Holzes kommt es an. »Der Stamm sollte möglichst astfrei und gerade gewachsen sein. Alles, was Drehwuchs hat, wird nicht dicht«, weiß der Küfer. Doch auch bei guten Stämmen entsteht gleich zu Beginn jede Menge Abfall. Rund 60 Prozent Verschnitt, schätzt Matthias Streib, fällt beim Aufarbeiten der Stämme an.

Lange dauert es, bis aus der schwäbischen Eiche eine Fassdaube geworden ist. Mindestens drei Jahre lagert das Holz im Freien, es können, je nach Stärke, aber auch schon mal fünf bis sechs Jahre sein. Erst muss der Regen einen Teil der Gerbstoffe aus dem Holz waschen. »Der Geschmack wäre ansonsten viel zu hart und unreif«, sagt Matthias Streib. Jedes einzelne Holzstück kontrolliert er in der Werkstatt noch einmal und entscheidet, welche Seite künftig Teil der Innen- und Außenwand des Fasses ist. Nun werden die Bretter gefügt, das heißt, sie werden von der Mitte zu den Enden hin etwas verjüngt. Ohne diese Fügung könnten keine bauchigen Fässer hergestellt werden. Nun arbeitet der Küfer mit der Fräse eine Wölbung an der Unterseite der Fassdaube aus. So ist die Daube an ihren Enden dicker als in der Mitte. Dafür gibt es für jede Fassgröße bestimmte Lehren.

»Die wichtigste Ressource in meinem Betrieb ist der Mensch, der genau arbeitet«, sagt Matthias Streib. Natürlich gebe es auch Maschinen, die dies automatisiert erledigten. Doch das sei kein Handwerk mehr, sondern Industrie. »Dort wird in drei Minuten eine Fassdaube hergestellt«, sagt der Mössinger. 30.000 bis 100.000 Stück Barriques pro Jahr kämen in den großen Tonnellerien pro Jahr schon zusammen. »Was die an einem Tag herstellen, ist meine ganze Jahresproduktion«, sagt er. Rund 150 Fässer und Bottiche in allen Größen fertigt der Mössinger übers Jahr. Sein größtes Stück ist ein 3.000 Liter fassender Gärbottich. Und auch ein starkes Stück, denn bei einer Wandstärke von rund 56 Millimetern ist bei jeder einzelnen Fassdaube Muskelschmalz gefragt. »Bis zum 1.300er-Fass ist alles Spielzeug«, sagt er.

Ob Spielzeug oder nicht. Gerade beim Barrique-Fass spielte die Handhabbarkeit eine besondere Rolle. Denn der 225-Liter-Behälter war einst ein Transportfass für den Weinexport vor allem nach England, das so bemessen war, dass die Stauer in den Häfen das leere Fass noch tragen konnten. Dass bei dieser Größe obendrein im Verhältnis zu Wein und Holz die größte Berührungsfläche zum Austausch von Gerbstoffen besteht, war wohl zunächst eher Zufall, aber bei dem Siegeszug des Barrique-Fasses in der Weinbereitung von großer Bedeutung.

Mittlerweile haben sich die Schlitze am unteren Fassende unter dem Zug des Drahtseils geschlossen. Das Fass wird umgedreht und mit einem Stahlreifen fixiert. Nun muss es noch mal durchs Feuer, für die Toastung; durch das »Ankokeln« der Innenwände entstehen Aromen, die für den späteren Wein prägend sind.

Jetzt fehlen nur noch die Böden, um das Fass zu verschließen. Mit der Bandsäge schneidet Matthias Streib den runden Boden aus einer Platte, die aus dicken, verdübelten und mit Schilf abgedichteten Eichenhölzern besteht. Zuvor hat er mit dem Zirkel die Größe abgestochen und auf die Platte übertragen. Für die Böden hat der Küfer am Fass zwei Nuten gefräst, die sogenannten Gargeln, in die die Böden eingeschlagen werden. Zuvor wird noch ein wenig Leim in die Nuten gestrichen, den der Küfer aus Roggenmehl und Wasser angerührt hat. Das Finish für das neue Fass besteht aus Abhobeln und einem Satz neuer Fassreifen aus verzinktem Stahl.

Matthias Streib liebt sein Handwerk. »Am Ende des Tages sehe ich ein Resultat, und am Ende des Jahres schmecke ich das Ergebnis. Wenn zehn Kunden ihre Spätburgunder in meine Fässer füllen, kommen zehn verschiedene Weine dabei heraus. Das ist das Genialste.«

Am Südzipfel des Württembergers
Rund um Kressbronn schnuppert das Anbaugebiet Bodenseeluft

Viele schöne Weinberge reihen sich am nördlichen Bodensee-Ufer auf den rund 50 Kilometern zwischen Überlingen und Lindau aneinander. Doch alles in fremder Hand: Überlingen, Meersburg, Hagnau – obgleich zum Südwürttemberger Regierungsbezirk Tübingen gehörend – sind badische Stammlande und gehören damit zum Badischen Winzerverband; Wasserburg, Nonnenhorn und Lindau, obwohl auf der Wein-Landkarte dem Anbaugebiet Württemberg angegliedert, sind zweifellos bayerisch. Also alles in fremder Hand? Nein, ein kleines Zipfelchen Württemberg mit Weingärten ragt ans Seeufer: bei Kressbronn.

Der größte Betrieb am württembergischen Seeufer ist die Weinkellerei Steinhauser. Eine Erzeugergemeinschaft von sieben Winzern liefert ihre Trauben aus der Kressbronner Berghalde bei Martin Steinhauser ab. Die Berghalde ist eine rund 20 Hektar große Lage, die südlichste Württembergs, deren sieben Weinberge sich von Betznau bis hinunter nach Retterschen erstrecken. Doch nicht alles, was in der Berghalde wächst, landet in Steinhausers Kellerei. Der Winzerhof *Zur frohen Aussicht* von Simone Günthör in Kümmertsweiler ist mit 1,5 Hektar Rebfläche an der Straußner Halde der kleinste Betrieb. Das Weingut mit angeschlossenem Weinhotel und Ferienwohnungen hat schon vor langer Zeit einen eigenen Weg eingeschlagen: Es gibt keinen Müller-Thurgau, die weiße Paradesorte rund um den Bodensee. »Nachdem hier alle Müller-Thurgau im Weinberg haben, hatte sich mein Vater gedacht, er macht etwas anderes«, sagt Simone Günthör. Deshalb baut ihr Mann Dietmar Opitz noch heute Riesling, Kerner oder auch Weißburgunder im Keller aus. Für den Rotwein steht Spätburgunder im Weinberg, der klassisch rot und als Weißherbst gekeltert wird.

Der Name »Zur frohen Aussicht« passt übrigens auch ausgezeichnet für den Weinberg in der Straußner Halde. Bei klarem Wetter bietet sich dem Spaziergänger hier am höchsten Punkt Kressbronns ein eindrucksvolles Panorama – über den See hinweg bis zu den Gipfeln der Ostschweiz, mit dem Säntis als Blickfang. Durch den Weinberg führt auch der rund zweieinhalb Kilometer lange Kressbronner Bauernpfad, der dem Spaziergänger nicht nur einiges Wissenswertes über Wein- und Hopfenanbau verrät, sondern auch Kindern viel Gelegenheit zum Entdecken und Spielen bietet.

Auch Alois Rottmar aus Betznau hat hier einen Weinberg. Er ist der zweite Solist in den Kressbronner Weinbergen. 1971 hatte der Land-

Alois Rottmar in seinem Rädle

Müller-Thurgau – eine typische Bodensee-Rebe

wirt, der Viehwirtschaft, Hopfen- und Obstbau gelernt hatte, mit drei Ar auch den Weinbau begonnen. Zug um Zug hat er in den letzten Jahrzehnten dazugekauft und hat heute 2,5 Hektar mit Reben bestockt: Spätburgunder, Dornfelder und Regent als Rotweinsorten, Weißburgunder, Riesling, Kerner und nicht zuletzt Müller-Thurgau. Dieser steht auf rund 38 Prozent der Rebfläche von Alois Rottmar und ist somit seine wichtigste Rebsorte. Müller-Thurgau dominiert überhaupt die Weinberge am deutschen und Schweizer Bodenseeufer.

Dies kommt nicht von ungefähr. »Müller-Thurgau kommt ausgezeichnet mit den Witterungsverhältnissen am See zurecht«, sagt Ildikó Buchner, Projektmanagerin der *Weinregion Bodensee*. Die früh reifende Rebsorte wurde in den 1880er-Jahren von Professor Hermann Müller in Geisenheim am Rhein gekreuzt. Glaubte man zunächst an das Elternpaar Riesling und Silvaner – wovon sich der Alias-Name »Rivaner« ableitet, so weiß man heute, dass Riesling und Madeleine royale den Müller-Thurgau auf den Weg brachten. Hermann Müller verließ Geisenheim und kehrte zurück in seine Schweizer Heimat, in den Thurgau, wo er an der Forschungsanstalt in Wädenswil an seiner Kreuzung weiterarbeitete. 1913 wurde die Sorte nach ihrem Züchter mit dem Zusatz »Thurgau« benannt, denn eine Müller-Rebe, den Pinot Meunier oder auch Schwarzriesling, gab es ja schon.

An das deutsche Bodenseeufer gelangte die Rebsorte 1925. Bei einer Schmuggelfahrt bei Nacht und Nebel im Ruderboot hatte sich der Immenstadter Winzer Albert Röhrenbach an der Schweizer Seeseite die Reben besorgt. Denn mit ihrem meist säuerlichen Elbling, der damals am Nordufer überwiegend angebaut wurde, konnten die Bodenseewinzer keinen Staat machen. Ganz anders der Müller-Thurgau, der hier je nach Terroir und Winzer mal eher blumig, mal er fruchtig erscheint. Auf den eiszeitlichen Verwitterungsböden mit ihren sandigen Lehmböden und Moränenschottern gerät der Müller-Thurgau darüber hinaus eher filigran und nicht so fett und sättigend.

Alois Rottmar setzt auf seinen Müller-Thurgau. »Er ist unser wichtigster Wein am Bodensee und ihn wird auch keiner verdrängen«, sagt er. In seinen Weinbergen rückt der Winzer den sogenannten Unkräutern mit der Sense zu Leibe – auf Herbizide verzichtet er im Sinne eines gesunden, kräftigen Bodens. Lediglich der Schutz vor Pilzbefall kommt bei ihm aus der Spritze. Sosehr der Bodensee als Wärmespeicher den Weinbau in diesen Breiten auch erst ermöglicht, sosehr schickt er den Winzern auch dichte Nebelwände in die Weinberge. Beste Voraussetzungen für Mehltau und Co. Deshalb hat der Betznauer auch die pilzwiderstandsfähige Sorte Regent gepflanzt, die mit wesentlich weniger Spritzungen auskommt. Und: Der kräftige Rotwein, im Barrique gereift, hat bei Alois Rottmar eine große Fangemeinde. Vor allem auch in Rottmars Rädle, einem Gastraum, den der Winzer 1980 im ehemaligen Kuhstall seines Hofes – gleich neben der Schnapsbrennerei – eingerichtet hat. Dort serviert er dreimal im Jahr je einen Monat lang den Gästen seine Weine und deftige Speisen. Nicht nur um den großen Kachelofen geht es dabei recht zünftig zu, vor allem wenn musikalische Gästen zu Rottmars Ziehharmonika und Gitarre greifen. »Dann kann's auch mal recht spät werden«, sagt der Winzer, »aber das ist bei einer Rädleswirtschaft eben so.«

Mit der Berghalde allein ist der Weinbau im südlichen Zipfel Württembergs noch nicht ganz beschrieben. Ein kleines Fleckchen Weinberg im Hinterland gibt es noch: den Rebgarten Rauenegg am Stadtrand von Ravensburg. Die rund 27 Ar große Rebfläche gehört der Stadt und wird von Johannes Kiderlen mit ehrenamtlichen Helfern bewirtschaftet. Denn die Bürgerstiftung Kreis Ravensburg hat den Weinberg gepachtet, und der Erlös des Weinverkaufs kommt der Hospizbewegung im Schussental zugute. Auf einer Höhe von über 500 Meter über Normalnull wächst in der Rauenegg zu zwei Dritteln Müller-Thurgau, der zu einem Secco ausgebaut wird. Der Rest ist Spätburgunder, der klassisch im Holzfass reifen darf.

Ein Museum für alle Sinne
Das Vineum in Meersburg – Weinbau und seine Geschichte am Bodensee

Ach, wie bitter klagte Oswald von Wolkenstein vor über 500 Jahren während des Konstanzer Konzils über den Überlinger Wein: »Wein so süß wie Schlehensaft rauht mir auf die Kehle, dass es den Gesang vergrätzt! Sehnsucht hab ich nach Traminer.« Der Südtiroler Ritter und Poet war im Gefolge von König Sigismund in die Konzilstadt gekommen. Dort ließ er sich in seinen zum Teil pointierten Versen bisweilen recht abfällig sowohl über die hohen Preise in der überfüllten Stadt, über fehlende Betten und Herbergen sowie die unermüdlich langen Finger von Dieben aus – und eben auch über den Überlinger Wein.

Die Meersburger mögen sich glücklich schätzen, denn von ihrem Wein sind solche Klagen nicht überliefert. Und es ist ja auch nicht gerade imagefördernd, selbst ein halbes Jahrtausend nach des Dichters Klage mit zweifelhaften Weinqualitäten in die Weltliteratur einzugehen. Fest steht allerdings: Meersburg hat mindestens eine ebenso lange Weintradition wie ihre Nachbarn in Überlingen. Auf über 40 Torkeln wurde hier auf fürstbischöflichem Gebiet Wein gepresst.

Torkel, so werden hier am Bodensee die mächtigen Kelterbäume genannt. Abgeleitet vom lateinischen Wort »torculum«, das für »Kelter« oder auch »Presse« steht. »›kelter‹, mit der wein und öl gepreszt wird. die bezeichnung ist heute nur auf südschwäbischem, schweizer und tiroler boden lebendig«, definieren die Gebrüder Grimm in ihrem Deutschen Wörterbuch den Torkel, der sich ja auch bis heute im Südtiroler Saison-Vergnügen des »Törggelens« – von Weinkeller zu Weinkeller zu wandern und bei frisch gerösteten Kastanien den neuen Wein zu probieren – wiederfindet. Ob sich die Badener von heute in der Grimm'schen Definition von »südschwäbisch« wiederfinden, ist eher fraglich. Damit kommen wir auch zur Gretchenfrage dieses Beitrags: Wie hältst du's eigentlich mit den Ländergrenzen? Denn warum ist das Meersburger Museum, ohne Zweifel auf badischem Boden, in einem Buch zum Weinland Württemberg vertreten? Nun, der Dualismus Württembergisch/Badisch ist zumindest verwaltungstechnisch seit der Kreisreform der 70er-Jahre aufgehoben: Das badische Meersburg gehört zum Bodenseekreis – und der wird vom Landratsamt im württembergischen Friedrichshafen regiert und vom Regierungspräsidium in Tübingen kontrolliert. Unter dieser

Das Vineum am Rande der pittoresken Altstadt von Meersburg

70 Tonnen schwer und über 300 Jahre alt – die Torkel im Vineum

Voraussetzung hätten ja auch hervorragende Bodenseeweingüter in Meersburg wie Aufricht oder auch das Staatsweingut Eingang in diesen Band finden können. Doch dabei war dem Autor die Hemmschwelle viel zu hoch, Mitglieder des Badischen Weinbauverbands zu vereinnahmen – bei aller Wertschätzung der Weine vom badischen Bodenseeufer. Doch es wäre einfach zu schade, auf dem Weg nach Kressbronn, dem einzigen württembergischen Weinbauzipfel am See, am Meersburger Vineum vorbeizufahren. Das Museum liegt, kommt man von der A 81, ohnehin ungefähr auf halber Strecke am See.

Einer dieser alten Torkel hat im Meersburger Heilig-Geist-Spital die Zeit überdauert. Er ist der Keim und das Herzstück des Meersburger Weinbaumuseums Vineum Bodensee, das im Sommer 2016 eröffnet wurde. Das gute Stück wurde im Jahr 1706 aus rund 200 Jahre alten Eichen geschlagen und zusammengesetzt, ist 70 Tonnen schwer – und noch immer voll funktionsfähig. »Für Videoaufnahmen haben wir den Torkel noch einmal in Betrieb gesetzt. So können die Besucher auch hören, wie er bei der Arbeit ächzt und stöhnt«, sagt die Museumsleiterin Christine Johner. Sehen und hören, schmecken und riechen – das alte Spital-Gebäude soll ein Museum sein, das alle Sinne anspricht. Deshalb darf auch die Praxis nicht zu kurz kommen.

Zunächst können sich die Besucher an einer Duftorgel versuchen. Hier geht es darum, aus einer Reihe von Amphoren die unterschiedlichen Aromen zu erschnuppern, die für die verschiedenen Weine der Region charakteristisch sein können. Nach dem Schnuppern folgt das Schmecken – dazu bietet die Vinemathek im Untergeschoss des Hauses die Gelegenheit für ein leckeres Schlückchen. 16 verschiedene Weine aus den Anbaugebieten rund um den See können am Automaten gezapft und probiert werden.

In den Pfründner-Gemächern im Obergeschoss des alten Spitals, wo einst wohlhabende Meersburger ihren Lebensabend verbrachten, zeigt das Museum eine bemerkenswerte Flaschengalerie. Sie repräsentiert unter anderem die globale Weinwelt. Aus jedem Land, in dem Weinbau betrieben wird – also auch aus Kambodscha, Taiwan oder auch Tadschikistan – hängt eine Flasche an der Wand. Dazu werden über einen interaktiven Bildschirm vertiefende Informationen zum Weinbau in diesen Ländern, zu den bevorzugten Rebsorten oder auch zur Weinwirtschaft geliefert. Von der Welt in die Region: Eine andere Abteilung der Ausstellung widmet sich dem Weinbau am Bodensee, dem Boden, dem Klima und der besonderen Funktion des Sees für den Klimaausgleich. Denn der See wirkt wie ein Wärmespeicher, der große Temperaturschwankungen im Jahresverlauf, aber auch vom Tag auf die Nacht, weitgehend abpuffert.

In einer anderen Stube sind unter anderem eine Flurkarte und ein Urbar aus der Zeit um das Jahr 1700 ausgestellt. Dieses hatte der Fürstbischof von Konstanz, Marquard Rudolf von Rodt, anlegen lassen, um sich vor allem auch aus Steuer- und Abgabengründen einen detaillierten Überblick über sämtliche Rebflächen und Äcker, Wiesen und Wälder sowie über deren Besitzverhältnisse zu verschaffen. Dazu werden Themen wie die wirtschaftliche Bedeutung des Weinbaus und Handels auch mit Blick auf die unterschiedlichen Organisationsformen ebenso beleuchtet wie die »Kultur des Trinkens«.

Nicht zuletzt richtet das Museum sein Augenmerk auf das Thema »Rausch und Ritual«. In vielen Religionen, doch auch gerade im Christentum kommt dem Wein eine besondere Bedeutung zu – beispielsweise bei der symbolischen Wandlung des Weins zum Blut Christi. Ein eher lustiger Part dieser Abteilung ist eine Porträt-Galerie des brasilianischen Fotografen Marcos Alberti, der seine Modelle jeweils nach einem, nach zwei und nach drei Gläsern Wein porträtierte. Christine Johner: »Die Unterschiede sieht man deutlich.«

Adressen

Beitrag 1:
Weingärtner Markelsheim eG • Scheuerntorstraße 19 • 97980 Bad Mergentheim • 0 79 31 / 9 06 00 • www.markelsheimer-wein.de

Beitrag 2:
Jakobshof, Conny und Thomas Lehr • Bachgasse 3 • 97980 Bad Mergentheim-Markelsheim • 0 79 31 / 29 59 • www.jakobshof-lehr.de

Beitrag 3:
Susanne Schmezer, Weingut Gaufer • Mariannenstraße 24 • 74653 Ingelfingen • 0 79 40 / 5 73 73 • www.geniessertour.de • www.weingut-gaufer.de

Beitrag 4:
Weingut Fürst Hohenlohe Oehringen • Wiesenkelter • 74613 Öhringen-Verrenberg • 0 79 41 / 9 49 10 • www.verrenberg.de

Beitrag 5:
Weingut Ungerer • Harberger Straße 15 • 74629 Pfedelbach-Renzen • 0 79 49 / 94 06 90 • www.weingut-ungerer.de

Beitrag 6:
Wein- und Sektkellerei Horst Stengel • Ringstraße 7 • 74189 Weinsberg • www.wein-und-sekt-kellerei-stengel.de

Beitrag 7:
Winzer vom Weinsbergertal • Reisacher Straße 5 • 74245 Löwenstein • 0 71 30 / 46 12 00 • www.weinsbergertal-winzer.de
Campingpark Breitenauer See • Breitenauer See 2 • 74245 Löwenstein • 0 71 30 / 85 58 • www.breitenauer-see.de

Beitrag 8:
Startpunkt des Rundweges: Am Parkplatz hinter der Johanneskirche Weinsberg • Nähere Infos bei der Touristikgemeinschaft HeilbronnerLand e. V. • Lerchenstraße 40 • 74072 Heilbronn • 0 71 31 / 9 94 - 13 90 • www.heilbronnerland.de

Beitrag 9 (Rosenkulturen):
Weinsberger Rosenkulturen GbR • Heilbronner Straße 101 • 74189 Weinsberg • 0 71 34 / 80 27 • www.weinsberger-rosen.de

Beitrag 9:
Staatliche Lehr- und Versuchsanstalt für Wein- und Obstbau Weinsberg • Traubenplatz 5 (Eingabe für Navigationsgeräte: Haller Straße 6) • 74189 Weinsberg • 0 71 34 / 50 41 67 • www.sw-weinsberg.de

Beitrag 10:
Wein Villa GbR • Cäcilienstraße 66 • 74072 Heilbronn • 0 71 31 / 67 67 12 • www.wein-villa.de

Beitrag 11:
Weingut GA Heinrich • Riedstraße 29 • 74076 Heilbronn • 0 71 31 / 17 59 48 • www.weingut-heinrich.de

Beitrag 12:
Hans Hengerer • Weingut Kistenmacher-Hengerer • Eugen-Nägele-Straße 23–25 • 74074 Heilbronn • 0 71 31 / 17 23 54 • www.kistenmacher-hengerer.de
Weingut Beurer • www.weingut-beurer.de
Weingut Bernhard Ellwanger • www.weingut-ellwanger.com
Weingut Wachtstetter • www.wachtstetter.de
Weingut Zipf • www.zipf.com

Beitrag 13:
Weingut Drautz-Able • Faißtstraße 23 • 74076 Heilbronn • 0 71 31 / 17 79 08 • www.drautz-able.de • www.vdp-wuerttemberg.de

Beitrag 14:
Weingut Albrecht-Kiessling • Im Breitenloch 37 • 74076 Heilbronn • 0 71 31 / 17 89 47 • www.albrecht-kiessling.de

Beitrag 15:
Genossenschaftskellerei Heilbronn-Erlenbach-Weinsberg eG • Binswanger Straße 150 • 74076 Heilbronn • 0 71 31 / 157 90 • www.wg-heilbronn.de
Weinkeller Flein-Talheim • Römerstraße 14 • 74223 Flein • 0 71 31 / 5 95 20

Grantschen Weine • Wimmentaler Straße 36 •
74189 Weinsberg-Grantschen • 0 71 34 / 9 80 20 •
www.wg-heilbronn.de

Beitrag 16:
Tourist Information Heilbronn • Kaiserstraße 17 •
74072 Heilbronn • 0 71 31 / 56 22 70 •
www.heilbronn-marketing.de

Beitrag 17:
Schell Schokoladen • Schlossstraße 31 •
74831 Gundelsheim • 0 62 69 / 350 •
www.schell-schokoladen.de

Beitrag 18:
Privatkellerei Hirsch • Kastanienstraße 1 •
74211 Leingarten • 0 71 31 / 40 16 82 • www.hirschweine.de

Beitrag 19:
Stadt Brackenheim • Marktplatz 1 • 0 71 35 / 10 50 •
www.brackenheim.de
Weinkeller Brackenheim • www.wg-stromberg-zabergäu.de
Weinkonvent Dürrenzimmern eG • www.weinkonvent-duerrenzimmern.de
Jupiter Weinkeller • www.jupiterweinkeller.de
Theodor Heuss Museum der Stadt Brackenheim •
www.theodor-heuss-museum.de

Beitrag 20:
Weingut Roth • Gottlieb-Härle Straße 6 •
D-74232 Happenbach • 01 72 / 6 31 25 57 •
www.weingut-roth-happenbach.de

Beitrag 21:
Weingärtner Cleebronn Güglingen eG • Ranspacher
Straße 1 • 74389 Cleebronn • 0 71 35 / 9 80 30 •
www.cleebronner-winzer.de

Beitrag 22:
Weingut Notz • Langmantel 1 • 74343 Sachsenheim •
0 71 47 / 84 15 • www.weingut-notz.de
Panoramaweingut Reinhard Baumgärtner • An der
Steige 94 • 74343 Sachsenheim • 0 71 47 / 62 98 •
www. panoramaweingut.de

Beitrag 23:
Weingut Georg und Anja Merkle G.b.R. • Blankenhornstraße 12–14 • 74343 Sachsenheim-Ochsenbach •
0 70 46 / 76 77 • www.weingut-merkle.de

Beitrag 24:
Kloster Maulbronn • Klosterhof 5 • 75433 Maulbronn •
0 70 43 / 9 26 61 10 • www.kloster-maulbronn.de

Beitrag 25:
Weingut Dautel • Lauerweg 55 •
74357 Bönnigheim • 0 71 43 / 87 03 26 •
www.weingut-dautel.de

Beitrag 26:
Lauffener Weingärtner eG • Im Brühl 48 •
74348 Lauffen am Neckar • 0 71 33 / 18 50 •
www.wg-lauffen.de
Käsbergkeller Mundelsheim • Heinrich-Maulick-Straße 24 • 74395 Mundelsheim • 0 71 43 / 81 55 0 •
www.wg-lauffen.de

Beitrag 27:
Consortium Montis Casei • Weingut Faschian •
Über dem Neckar 7 • 74394 Hessigheim •
0 71 43 / 96 74 47 • www.weingut-faschian.de •
www.montis-casei.com

Beitrag 28:
Felsengartenkellerei Besigheim eG • Am Felsengarten 1 •
74394 Hessigheim • 0 71 43 / 8 16 00 •
www.felsengartenkellerei.de
Hessigheimer Felsengärten • www.hessigheim.de

Beitrag 29:
Württemberger WeinBergWerk eG •
Verkaufsstelle Vinothek Alte Kelter • Hauptstraße 59 •
74354 Besigheim • Bestelltelefon: 0 71 43 / 4 09 99 30 •
www.weinbergwerk.de
Lembergerland Kellerei Rosswag • www.lembergerland.de
Lauffener und Mundelsheimer Weingärtner •
www.wg-lauffen.de
Felsengartenkellerei Besigheim • www.felsengartenkellerei.de
Weingärtner Esslingen • www.weingaertner-esslingen.de

Beitrag 30:
Weinstube Amalienhof, Anja Trumic •
Beilsteiner Steinberg 1 • 71717 Beilstein •
07062/231936 • www.weinstube-amalienhof.de
Weingut Amalienhof • Lukas-Cranach-Weg 5 •
74074 Heilbronn • 07131/251735 •
www.weingut-amalienhof.de

Beitrag 31:
Schlossgut Hohenbeilstein • Schlossstraße 40 •
71717 Beilstein • 07062/937110 •
www.schlossgut-hohenbeilstein.de
Weingut Stutz • Liebigstraße 49 •
74074 Heilbronn • www.weingut-stutz.de

Beitrag 32:
Weingut Herzog von Württemberg •
Schloss Monrepos 9 • 71634 Ludwigsburg •
07141/221060 • www.weingut-wuerttemberg.de
Weingut Graf Adelmann • www.graf-adelmann.com
Weingut Graf von Bentzel-Sturmfeder •
www.sturmfeder.de
Weingut Fürst Hohenlohe Öhringen • www.verrenberg.de
Weingut Graf Neipperg • www.graf-neipperg.de

Beitrag 33:
Württembergische Weingärtnerzentralgenossenschaft eG •
Raiffeisenstraße 2 • 71696 Möglingen • 07141/48660 •
www.wzg-weine.de

Beitrag 34:
Weinhandlung Kreis KG • Böheimstraße 43 •
70199 Stuttgart • 0711/762839 •
www.wein-kreis.de

Beitrag 35:
Weinwanderwege in Stuttgart • Stuttgart-Marketing
GmbH • i-Punkt • Königsstraße 1a •
70178 Stuttgart • 0711/72228-0 •
www.stuttgart-tourist.de

Beitrag 36:
Weingut und Besenwirtschaft Karl Wöhrwag •
Klingenbachstraße 13 • 70329 Stuttgart •
0711/328891 • www.karl-woehrwag.de

Beitrag 37:
Weinmanufaktur Untertürkheim • Strümpfelbacher
Straße 47 • 70327 Stuttgart • 0711/3363810 •
www.weinmanufaktur.de

Beitrag 38:
Grabkapelle auf dem Württemberg •
Württembergstraße 340 • 70327 Stuttgart •
0711/337149 • www.grabkapelle-rotenberg.de

Beitrag 39:
Weingärtner Rotenberg & Uhlbach eG • Württemberg-
straße 230 • 70327 Stuttgart • 0711/3277580 •
www.collegium-wirtemberg.de

Beitrag 40:
Weinbaumuseum Stuttgart • Uhlbacher Platz 4 •
70329 Stuttgart-Uhlbach • 0711/325718 •
www.weinbaumuseum.de

Beitrag 41:
Weinstube Ochsen • Markgräflerstraße 6 •
70329 Stuttgart • 0711/322903 •
www.ochsen-uhlbach.de

Beitrag 42:
Weinkistle • Elke Ott • August-Brändle-Straße 31 •
70734 Fellbach • 0711/5042 9953 • www.weinkistle.de
Gesa Schulze-Kahleyß • An der Steige 47 •
73642 Welzheim • www.gesa-spielt.de

Beitrag 43:
Weinkellerei Wilhelm Kern • Wilhelm-
Maybach-Straße 25 • 71394 Kernen-Rommelshausen •
07151/276 6790 • www.kern-weine.de
Weingut Leiss • www.weingut-leis.de

Beitrag 44:
Skulpturenpfad von Karl Ulrich Nuss • Ausgangspunkt bei
der Strümpfelbacher Gemeindehalle • Kirschblütenweg •
71384 Weinstadt-Strümpfelbach • 07151/693284 •
www.weinstadt.de
Weingut Knauß • Nolten 2 • 71384 Weinstadt-Strümpfel-
bach • 07151/606345 • www.weingut-knauss.com

Weingut Idler • Hauptstraße 74 • 71384 Weinstadt-Strümpfelbach • 0 71 51 / 60 06 31 • www.weingut-idler.de
Vinothek »Die Traube« • Hauptstraße 91 •
71384 Weinstadt-Strümpfelbach • 0 71 51 / 9 81 27 84 •
www.dietraube.com

Beitrag 45:
Weingut Kuhnle • Hauptstraße 49 •
71384 Weinstadt-Strümpfelbach • 0 71 51 / 6 12 93 •
www.weingut-kuhnle.de
Gandelhof GmbH • www.gandelhof.de

Beitrag 46:
WahlerReben • Wiesentalstraße 58 • 71384 Weinstadt-Schnait • 0 71 51 / 6 84 04 • www.rebenwelt-wahler.de

Beitrag 47:
Weingut Jürgen Ellwanger • Bachstraße 27 •
73650 Winterbach • 0 71 81 / 4 45 25 •
www.weingut-ellwanger.de
Weingut Sonnenhof • Sonnenhof 2 • 71665 Vaihingen an der Enz • www.weingutsonnenhof.de
Weingut Drautz-Able (siehe Beitrag 13) • Staatsweingut Weinsberg (siehe Beitrag 13) • Weingut Graf Adelmann (siehe Beitrag 32) • Weingut Fürst Hohenlohe Öhringen (siehe Beitrag 32) • Weingut Herzog von Württemberg (siehe Beitrag 32)

Beitrag 48:
Ruine Y-Burg und Museumsweinberg •
Steigstraße • 71394 Kernen im Remstal
Weingut und Spezialitätenbrennerei Beurer •
Lange Straße 67 • 71394 Kernen-Stetten i. R. •
0 71 51 / 4 21 90 • www.weingut-beurer.de

Beitrag 49:
Kessler Sekt GmbH & Co. KG •
Georg-Christian-von-Kessler-Platz 12–16 •
73728 Esslingen • 0711 / 3 10 59 30 • www.kessler-sekt.de

Beitrag 50:
Weingut Bächner • Sulzweg 4 • 72581 Dettingen/Erms •
www.weingut-baechner.de
Weingärtnergenossenschaft Hohenneuffen-Teck eG •
Kelterplatz 8 • 72639 Neuffen • 0 70 25 / 31 50 •
www.weingaertner-neuffen.de

Beitrag 51:
Weingärtnergenossenschaft Metzingen-Neuhausen eG •
Am Klosterhof 2 • 72555 Metzingen • 0 71 23 / 4 17 15 •
www.wein-metzingen.de
Weinbaumuseum • Am Klosterhof 6 • 72555 Metzingen •
www.weinbaumuseum-metzingen.de

Beitrag 52:
Sabine Koch & Stefan Haderlein • Jesinger Hauptstraße 108/2 • 72070 Tübingen-Unterjesingen •
0 70 73 / 30 29 99 • www.koch-unterjesingen.de

Beitrag 53:
Küferei Streib • Karl-Jaggy-Straße 43 •
72116 Mössingen • 0 74 73 / 57 28 •
www.streib-moessingen.de

Beitrag 54:
Weinbau – Brennerei – Rädlewirtschaft Alois Rottmar • Am Dorfbach 14 • 88079 Kressbronn-Betznau •
0 75 43 / 80 89 • www.weinbau-rottmar.de
Weingut Zur Frohen Aussicht • Kümmertsweiler 1 •
88079 Kressbronn • www.froheaussicht.de
Weinkellerei Steinhauser • Raiffeisenstraße 23 •
88079 Kressbronn • www.weinkellerei-steinhauser.com

Beitrag 55:
Vineum Bodensee, Stadt Meersburg • Vorburggasse 11 •
88709 Meersburg • 0 75 32 / 44 02 60 •
www.vineum-bodensee.de • Öffnungszeiten:
April bis Oktober: Di–Sa, Feiertage: 11–18 Uhr
November bis März: Sa/So, Feiertage: 11–18 Uhr
23. / 24. / 30. / 31. Dezember: geschlossen
Sonderöffnungszeiten für angemeldete Gruppen mit Führung auf Anfrage.

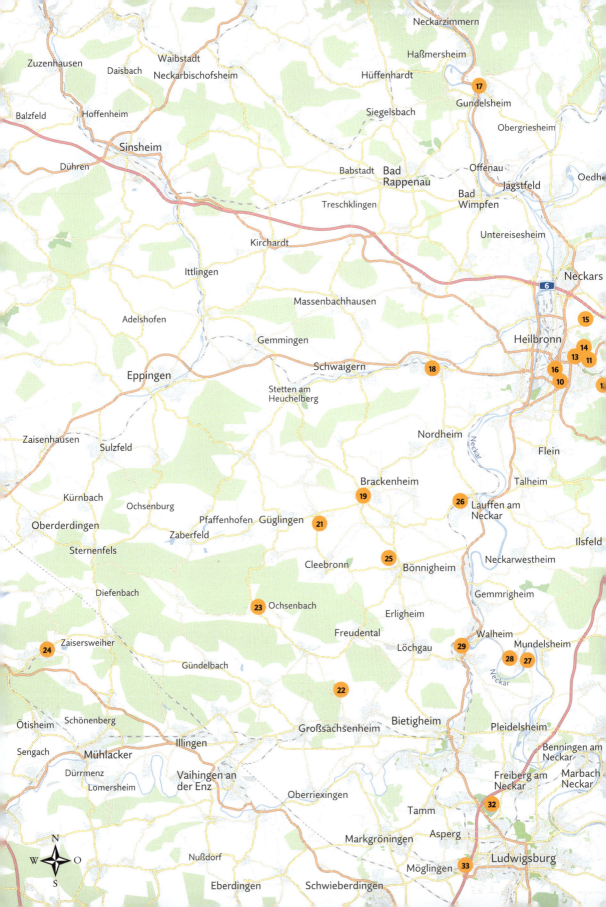

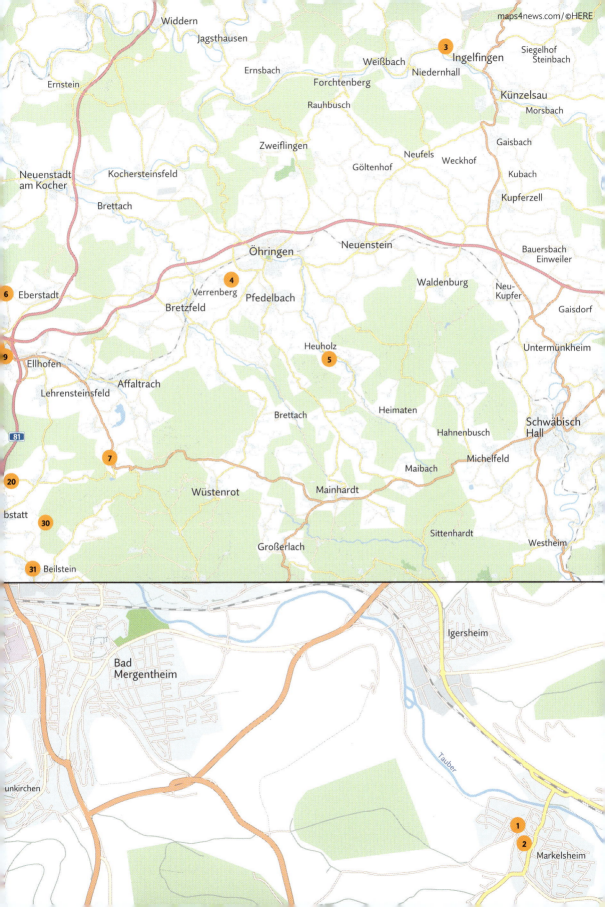

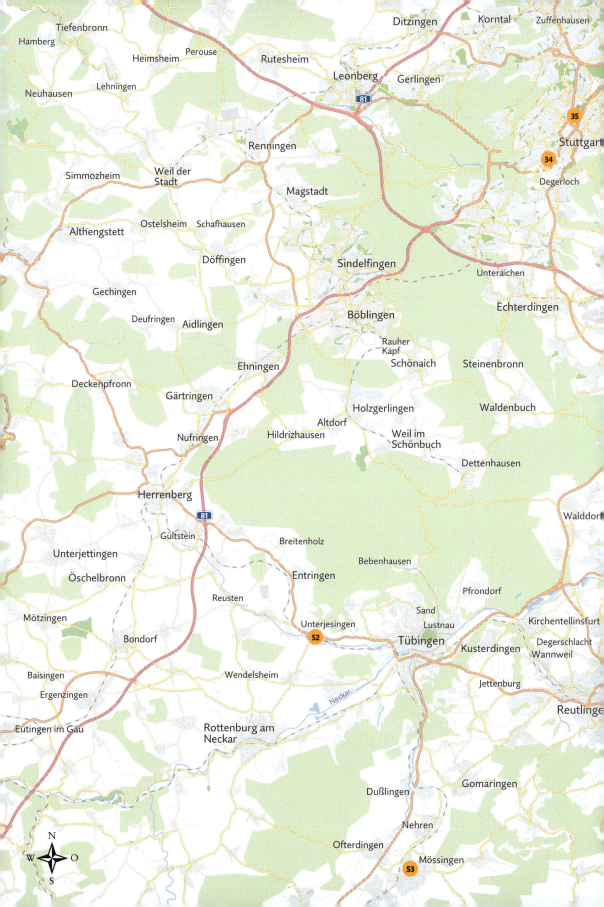

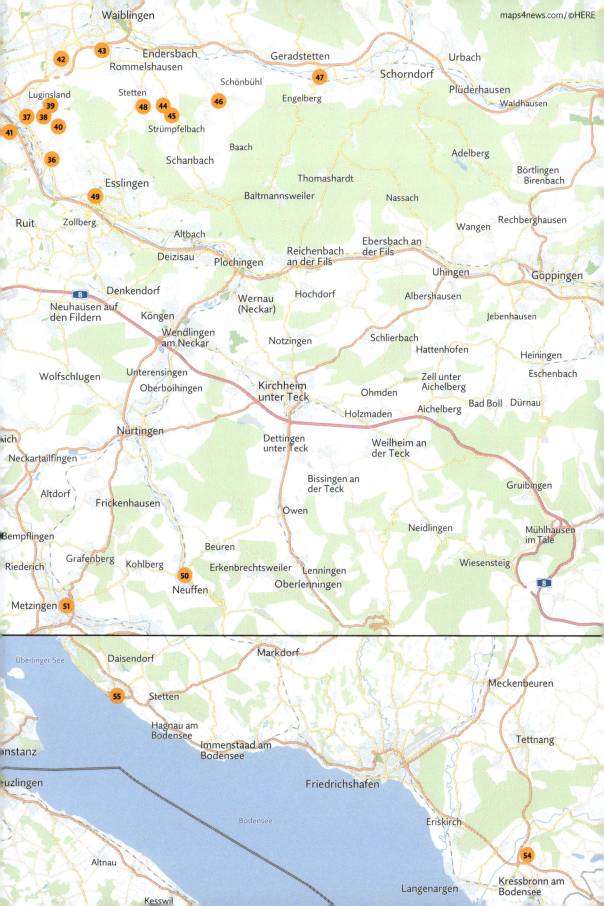

LIEBLINGSPLÄTZE
Alle Bücher auf einen Blick ...

▶ **BADEN-WÜRTTEMBERG**

Böttinger,
Hohenlohe pur ...
978-3-8392-1366-7

Böttinger/Geibel/...,
Das Beste aus Schw...
978-3-8392-2292-8

Böttinger/Jung,
Schönbuch
978-3-8392-2255-3

Eigenbrodt,
Rhein-Neckar ...
978-3-8392-1703-0

Erle,
Freiburg und ...
978-3-8392-1704-7

Erle/Graf/...,
Das Beste aus Baden
978-3-8392-2291-1

Geibel,
Schwäbische Alb ...
978-3-8392-1983-6

Graf,
Der Schwarzwald
978-3-8392-1981-2

Hermann,
Hochschwarzwald
978-3-8392-2217-1

Hiefner-Konietzko,
Kurpfalz
978-3-8392-2385-7

Jenewein/Rothfuß,
Stuttgart ...
978-3-8392-1471-8

Jene.../Roth.../La...,
Land der Tüftler ...
978-3-8392-2001-6

Riess,
Markgräflerland
978-3-8392-2153-2

Schmid J.,
Oberschwaben ...
978-3-8392-1898-3

Schütz,
Bodensee
978-3-8392-2005-4

Steiger/Steiger,
Von der Bergstra...
978-3-8392-2006-1a

Thömmes,
So braut Deutsch...
978-3-8392-1873-0

Wegner, ...
Karlsruhe ...
978-3-8392-1363-6